Comment les scientifiques ont justifié le racisme

Histoire, Science et Réalité

Adam GEIS

© 2020

Table des matières

INTRODUCTION

Notre histoire a commencé en Afrique. Les premiers membres connus de notre espèce — Homo sapiens — ont évolué dans ce qui est aujourd'hui le Maroc il y a environ 300 000 ans, bien que la plupart des premiers vestiges soient originaires de l'est de l'Afrique. Nous commençons à penser qu'au début, nous étions issus d'une espèce panafricaine, un mélange de diverses populations de ce puissant continent. Nous savons que certains des premiers humains ont migré vers l'Asie et l'Europe au cours du dernier quart de million d'années, mais leur domination en dehors de l'Afrique était temporaire, et ils ne laissent probablement pas de descendants aujourd'hui. Il y a environ 70 000 ans, un autre groupe de personnes s'est éloigné de l'Afrique, et le processus d'enracinement sur toute la planète a commencé. Une grande partie de notre succès mondial est le résultat d'adaptations locales, affinées par l'évolution pour survivre au mieux aux environnements d'une planète écologiquement diversifiée. La quintessence de notre nature d'errants, de chasseurs, d'agriculteurs et de créatures sociales a fait qu'au cours des derniers millénaires, la Terre est devenue plus petite et que des peuples du monde entier se sont rencontrés, ont commercé, se sont accouplés, ont combattu, ont conquis et bien d'autres choses encore. Dans ces interactions, nous nous engageons avec des personnes qui sont différentes les unes des autres. Ces différences sont ancrées dans la biologie, dans l'ADN, mais aussi dans notre comportement en tant qu'animaux sociaux — dans notre tenue vestimentaire, notre discours, nos religions et nos intérêts. Dans la poursuite du pouvoir et de la richesse, la fétichisation de ces différences a été la source des actes les plus cruels de notre courte histoire.

Le climat politique a changé au cours des dernières années. Partout dans le monde, le nationalisme est en hausse et les discussions sur la race semblent être plus importantes sur la scène publique qu'elles ne l'ont été ces dernières années. Les stéréotypes et les mythes sur la race sont exprimés non seulement par des racistes déclarés dont la voix est amplifiée par la technologie moderne, mais aussi par des personnes bien intentionnées, dont l'expérience et l'histoire culturelle, les orientent vers des points de vue qui ne sont pas soutenus par l'étude moderne de la génétique humaine — l'attribution erronée du succès sportif à l'ascendance plutôt qu'à l'entraînement; les hypothèses persistantes selon lesquelles les étudiants d'Asie de l'Est sont intrinsèquement meilleurs en mathématiques, que les Noirs ont une sorte de « rythme naturel » ou que les Juifs sont bons avec l'argent. Nous connaissons tous quelqu'un qui pense dans ce sens. Les idées examinées dans ces pages forment une description scientifique des similitudes et des différences humaines réelles qui fournira une base pour contester le racisme qui semble être fondé sur la science. Nous nous concentrons ici sur quatre domaines clés dans lesquels nous dérapons souvent en adhérant à des stéréotypes et à des hypothèses; j'expose ce que nous pouvons et ne pouvons pas savoir selon la science contemporaine sur les sujets de la couleur de la peau, de la pureté ancestrale, du sport et de l'intelligence.

Il est souvent plus facile de faire une affirmation que de la réfuter, mais comme le racisme s'exprime aujourd'hui plus ouvertement en public, il est de notre devoir de le contester avec des faits et des nuances, surtout si le sectarisme prétend que la science est son alliée. Certains scientifiques ne sont pas à l'aise pour exprimer des opinions issues de leurs recherches lorsqu'elles portent sur des questions de race. Néanmoins, si vous étudiez la génétique humaine — l'océan dans lequel les variations humaines sont tirées — vous n'avez guère d'autre choix que de parler de race.

Les différences visibles qui sont à l'origine du racisme sont codées dans notre ADN. Par conséquent, la science et le racisme sont intrinsèquement liés. Le racisme est l'expression d'un préjugé, alors que la science, en principe, est libre de toute subjectivité et de tout jugement. La réticence des scientifiques à exprimer leurs opinions concernant les politiques qui pourraient émerger de la génétique humaine est une position qui mérite peut-être d'être reconsidérée, car les personnes qui utilisent la science à des fins idéologiques n'ont pas ce genre de scrupules et adoptent la technologie moderne pour diffuser leurs messages à grande échelle.

Mais la science est un allié puissant, et la connaissance de la science et de l'histoire nous arme contre les idées préconçues et les préjugés. Nous avons des sens profondément limités et des vies courtes. Nous avons soif de sens, d'appartenance et d'identité. Ces aspects de la condition humaine sont un terreau riche dans lequel les préjugés peuvent s'enraciner. L'outil qui nous donne la vision la plus claire de la façon dont les gens sont réellement, plutôt que de la façon dont nous les jugeons, est la science.

Je suis britannique. Mon identité est légalement inscrite dans mon passeport, qui est la propriété du Royaume-Uni. Il a été délivré à Ipswich, une ville proche de la côte de l'East Anglian.

Grande-Bretagne, Royaume-Uni, Ipswich, East Anglia — ce sont des étiquettes qui définissent en partie mon identité personnelle.

En science, nous utilisons des étiquettes par nécessité. Nous essayons d'appliquer des critères rigoureux dans notre étiquetage pour nous aider à catégoriser les qualités inhérentes à une chose, afin de comprendre son identité, sa nature essentielle ou son évolution, ou pour concevoir des expériences qui nous aideront à comprendre ses qualités. C'est ce que nous appelons la « taxonomie ».

Je suis également un scientifique. Mon père est né dans le Yorkshire, ses deux parents étant blancs et britanniques. Ma mère est britannique et indienne, bien qu'elle n'ait jamais mis les pieds en Inde. Elle est née au Guyana, en Amérique du Sud. Ses grands-parents y ont été envoyés par bateau depuis l'Inde au XIXe siècle pour travailler dans les plantations de sucre sous les auspices d'un édit colonial connu sous le nom d'Indenture — une forme de migration et de travail semi-forcés qui est l'ombre de l'esclavage. Elle a émigré en Angleterre dans les années 1960, dans le sillage de l'Empire Windrush, le navire qui a amené 802 femmes et hommes des Caraïbes pour commencer une nouvelle vie en Grande-Bretagne au lendemain de la Seconde Guerre mondiale. Comme eux, elle était une citoyenne britannique invitée dans la patrie des colonies au fur et à mesure que l'âge impérial diminuait. Ils ont été invités à aider à reconstruire un pays brisé par la guerre et, comme beaucoup de ceux qui ont fait ce voyage, ma mère a été recrutée dans le tout jeune Service national de santé, pour s'occuper des citoyens du Royaume-Uni.

J'ai poursuivi mes études de génétique à l'University College London. Je n'ai pas étudié la génétique et l'évolution en raison de mon héritage ; je l'ai choisie parce que c'est de loin la branche la plus intéressante de la recherche scientifique, qui couvre tous les aspects des sciences de la vie. J'ai eu la chance de tomber sur un domaine scientifique à un moment où il était sur le point d'entrer dans un âge d'or de la découverte. Le projet du génome humain a commencé officiellement l'année où je suis entré à l'université, et son fruit — une ébauche du code génétique complet d'un être humain.

L'UCL est l'une des grandes universités au monde. Les bases de la génétique et de l'évolution y ont été développées durant la première moitié du XXe siècle, lorsque les idées darwiniennes ont été fusionnées avec le concept émergent de gènes, par le biais des statistiques, de l'expérimentation et des mathématiques. C'est là, dans la rue Gower à Bloomsbury, qu'une grande partie de la structure de la biologie moderne était en train d'être élaborée.

Mais certaines des idées les plus pernicieuses de l'histoire de l'humanité ont également des racines profondes à l'UCL ; plus important encore, elle était intrinsèquement associée à la naissance de l'eugénisme, l'idée que, grâce à la sélection, les populations humaines pouvaient être améliorées et les faiblesses éliminées des sociétés. Ces idées ont été principalement formulées en Grande-Bretagne, par le scientifique et raciste avoué Francis Galton, bien qu'elles n'aient jamais été inscrites dans la loi ici. Nous nous en sommes dangereusement approchés en 1912 : le Mental Deficiency Bill a été présenté au Parlement, avec un amendement eugénique qui interdirait le mariage et la procréation entre « faibles d'esprit », comme c'était le cas dans la langue de l'époque. La clause a été supprimée par le député Josiah Wedgwood avant que le projet de loi ne soit adopté en 1913. En revanche, les gouvernements des États-Unis, de la Suède, de l'Allemagne nazie et d'autres pays ont mené des politiques eugéniques actives qui ont entraîné des stérilisations forcées et la mort de millions de personnes. L'eugénisme et le racisme ne sont pas les mêmes idées, mais ils sont intrinsèquement liés, et les politiques eugénistes ont affecté et ciblé de manière disproportionnée les minorités raciales.

Je n'ai pas choisi l'UCL en raison de son histoire particulière, bien que j'aie été inscrit au Laboratoire Galton, qui s'appelait autrefois le Laboratoire d'eugénisme Galton, et que j'aie reçu l'enseignement du professeur Galton dans le Galton Lecture Theatre, tous nommés d'après Francis Galton — un homme dont l'héritage intellectuel comprend des cartes météorologiques, une phalange de techniques statistiques essentielles, des empreintes digitales médico-légales et le concept scientifique d'eugénisme, ainsi que le mot lui-même. Galton est mort en 1911, et les hommes qui l'ont suivi dans mon alma mater étaient également de grands scientifiques : le statisticien Karl Pearson, le biologiste mathématique Ronald Fisher et d'autres, des hommes sur les épaules desquels reposent des domaines entiers de la science contemporaine, et qui, à des degrés divers, ont également exprimé des opinions racistes. Les qualifier de racistes n'est pas un jugement fondé sur les sensibilités contemporaines, c'est une affirmation factuelle ; ils ont exprimé des opinions racistes, comme l'étaient les normes culturelles et scientifiques de l'époque. La science est appelée à changer au fur et à mesure que de nouvelles données sont disponibles. Dans les années 1990, nous avons étudié l'héritage scientifique de ces hommes tout en reconnaissant que leurs attitudes et leurs croyances étaient racistes. Leurs opinions n'étaient partagées, même superficiellement, par aucun des scientifiques qui m'ont enseigné.

Que je sois à la fois britannique et généticien sont deux faits objectifs chargés de siècles de contexte. Je suis le descendant évolutif du colonialisme, de l'empire, du racisme et de quelques idéologies assez odieuses. Ma propre histoire n'est pas particulièrement inhabituelle ou intéressante - la politique et les familles sont désordonnées, les gens déménagent, tombent amoureux, ont des enfants et répètent tout cela au sein d'une même génération ou entre les générations. Ce sont là toutes les informations biographiques nécessaires à cette histoire, mais dans un certain sens, toutes mes multiples lignées ancestrales — biologiques, culturelles et scientifiques — se sont inévitablement affrontées. Je n'ai pas subi beaucoup d'abus raciaux dans ma vie — j'ai la peau claire et mon héritage indien (ou indo-guyanais) est loin d'être évident. Mais ces deux dernières années, en réponse à mes écrits et à mes discussions sur l'histoire humaine, la génétique et la race, des étrangers m'ont traité de Paki, de rat juif et de traître racial ayant une « influence insidieuse ». Mon héritage indien n'est pas pakistanais pour autant que nous le sachions, je n'ai pas d'ascendance juive significative (bien que ma famille recomposée le fasse), et je crois que ma prétendue trahison raciale est due au fait que j'ai épousé une Anglaise blanche. On m'a dit que je devrais être reconnaissant envers la colonisation et l'Empire britannique, car, sans cela, je n'existerais pas — techniquement, cet argument est correct, mais il est assez fou.

La conversation culturelle a changé ces dernières années et l'expression vocale du racisme est plus répandue aujourd'hui qu'elle ne l'a été depuis des décennies. En 1939, Agatha Christie a publié son thriller à succès Ten Little Niggers, qui est resté imprimé au Royaume-Uni avec ce titre jusqu'en 1963, avant de devenir soit Ten Little Indians soit And Then There Were None. Un an plus tard, un député a été élu pour représenter la région de Smethwick, à Birmingham, avec des tracts de campagne portant le slogan « Si vous voulez un nègre comme voisin, votez travailliste ». Dans les années 1980, des milliers de fans de football criaient « Tirez sur ce nègre » à propos des joueurs noirs de leur propre équipe, tels que les grands John Barnes, Viv Anderson et Ian Wright. La haine raciale a pris le pas sur la loyauté envers l'équipe. À mon école, certains garçons jouaient à un jeu où ils laissaient un morceau de 2 pence par terre, puis criaient « Juif » ou « youpin » à quiconque le ramassait sans le vouloir.

Nous aimons à penser que le racisme explicite ne fait plus ouvertement partie de la culture, de la société ou du sport, bien qu'en 2018, des peaux de bananes aient été jetées sur les terrains de football par des joueurs noirs comme Pierre-Emerick Aubameyang d'Arsenal, comme c'était le cas il y a trois ou quatre décennies, pour affirmer que les joueurs sont plus proches des singes que des humains. Dans les enquêtes nationales sur les attitudes menées au Royaume-Uni depuis 1983, la proportion de personnes qui se décrivent comme « sans aucun préjugé contre les personnes d'une autre race » ou « très ou un peu de préjugés raciaux » est restée stable (60 à 70 % et 25 à 40 %, respectivement). Nous pourrions plutôt utiliser des indicateurs tels que demander aux gens s'ils seraient heureux si un de leurs proches épousait une personne d'origine noire ou asiatique. En 2017, plus d'un cinquième des Britanniques blancs ont répondu qu'ils seraient d'accord. C'est un point de vue raciste, mais lorsque cette question a été posée dans l'enquête équivalente en 1983, la réponse était de plus de 50 %. La même question a été posée en 2017 (mais pas avant) sur la perspective d'un conjoint musulman, et la réponse était que plus de deux cinquièmes des gens seraient dérangés.

Ce n'est là qu'une mesure floue qui indique que les attitudes envers la race se détendent dans certaines directions, et reflète le fait que la culture change. La police britannique a indiqué que les rapports d'attaques racistes ont augmenté en 2016, à peu près au moment du référendum sur l'adhésion de la Grande-Bretagne à l'Union européenne. Même si ce n'est pas une mesure qui peut être définitivement interprétée comme une augmentation du racisme au Royaume-Uni — il se pourrait que la fréquence des crimes soit statique, mais la volonté de les signaler a augmenté, encouragée par les réponses positives de la police.

Le prédicateur abolitionniste du XIXe siècle, Theodore Parker, a déclaré que l'arc moral du monde tend vers la justice, et si cela peut être vrai, cela ne signifie pas que le sectarisme s'évapore. Elle se réarme simplement en fonction de la culture dominante — les blancs en Grande-Bretagne sont apparemment moins à l'aise aujourd'hui avec les musulmans qu'avec les noirs ou les Britanniques asiatiques qui ne sont pas musulmans. Les concepts de race ont toujours été associés aux tentatives de catégorisation des humains, parfois pour les décrire simplement, souvent pour créer des délimitations pseudo-scientifiques, dans l'intention de les soumettre et de les exploiter.

Bien qu'il puisse être difficile d'évaluer à quel point un peuple est raciste, et si cela change, nous pouvons suivre avec une parfaite précision comment la science change. Des découvertes sont faites, des connaissances sont créées, des techniques évoluent, et tout cela est minutieusement documenté. Le domaine de la génétique, avec son passé raciste, a connu une transformation radicale au cours de sa courte histoire. Elle est devenue non seulement intrinsèque à la recherche scientifique, mais elle est également intégrée dans la culture générale et est devenue une énorme entreprise commerciale destinée aux gens ordinaires. Nous en savons plus que jamais sur les variations humaines, les migrations et notre histoire, et cette exposition a revigoré les questions de race.

La génétique n'est que l'étude scientifique des familles, du sexe et de l'héritage, autant d'idées qui ont préoccupé les esprits humains pendant des millénaires avant Darwin, Mendel, Watson & Crick et les autres pionniers scientifiques qui ont inauguré l'ère actuelle. La génétique humaine est l'étude des similitudes et des différences entre les personnes et les populations. Le XXe siècle a connu des transitions majeures en génétique : la découverte de la structure de l'ADN, le déchiffrage du code génétique, la naissance de la tentative de lire l'intégralité de l'ADN humain. Ce sont les préludes nécessaires à une révolution perpétuelle de la génétique au XXIe siècle. Suite au projet du génome humain, notre capacité à séquencer et à comprendre l'ADN a explosé au-delà de toute attente que nous aurions pu avoir dans les années 1990. Nous avons le code génétique de millions de personnes dans des bases de données que les scientifiques fouillent et exploitent à la recherche d'indices ténus sur les maladies, le comportement et l'ascendance. Plus inattendu encore, un nombre croissant de ces personnes sont mortes, et ce depuis des centaines, des milliers, voire des dizaines de milliers d'années. L'ADN de ces vieux os fournit des données incomparables sur notre histoire et notre préhistoire, sur la façon dont nous avons migré d'Afrique et inondé la Terre. Ces archives nous disent comment étaient les gens avant que nous ne commencions à documenter nos vies.

La plupart des recherches scientifiques sont effectuées dans le domaine public et la plupart des bases de données génomiques sont accessibles à tous. Mais elles sont bien peu de chose par rapport au nombre de génomes qui ont été échantillonnés et qui appartiennent à une poignée de sociétés de généalogie génétique qui, pour une centaine d'euros et un tube rempli de crachats, vous fourniront une carte des personnes sur Terre dont l'ADN ressemble le plus au vôtre. Le dépistage génétique direct au consommateur est un domaine obscur sur le plan scientifique et éthique, sujet à des simplifications grossières et à des histoires romantiques !

Des millions de personnes ont payé et passé ces tests. Une fois que l'on arme les gens de leur propre code génétique, qui était jusqu'à présent inaccessible et incompréhensible, les conversations culturelles sur la race, l'identité, l'ethnicité et la génétique changent. C'est surtout trivial : les blancs veulent toujours découvrir qu'ils descendent des Vikings, parce que, soyons francs, les Vikings étaient vraiment cool. Les Irlandais, les Gallois et les Écossais aiment revendiquer une généalogie génétique celtique, bien que le terme « celtique » ne soit pas une population ancestrale cohérente, et les similitudes culturelles trahissent le fait que, selon les dernières données génétiques, ces trois groupes sont souvent plus proches des Anglais du continent qu'ils ne le sont entre eux. En ce sens, utiliser la génétique contemporaine pour affirmer ces types d'identités culturelles n'est pas très fructueux, mais cela n'a que peu de conséquences — nous souhaitons appartenir à des clans, des tribus et des familles, et si ces récits peuvent être tirés de la géographie, de la nation et de l'histoire, la génétique ancestrale en dit très peu sur eux.

À l'extrémité du même spectre, les nationalistes blancs et les néonazis cooptent également la génétique comme moyen d'affirmer leur ethnicité, et donc leur prétendue supériorité raciale. En 2018, les néonazis Américains ont introduit une nouvelle façon de montrer leur prétendue supériorité raciale : ils se sont filmés en train de « boire du lait », c'est-à-dire en train d'avaler du lait de vache sans porter de chemise, dans une tentative ridicule de démontrer leur capacité génétiquement codée à transformer le lactose, un sucre du lait qui ne peut être digéré par la majorité des humains après le sevrage, à l'exception des Européens. Les mutations génétiques qui permettent cette capacité enzymatique — connue sous le nom de persistance de la lactase — sont apparues en Europe il y a environ 8 000 ans, et la mise en évidence ostentatoire d'une mutation aléatoire que la nature a sélectionnée pour permettre à certaines personnes de boire du lait tout au long de leur vie sans troubles gastriques mineurs est en quelque sorte associée à leur affirmation de supériorité raciale. On peut supposer qu'ils ignorent que les mêmes mutations sont apparues indépendamment et existent à une fréquence élevée chez les Kazakhs, les Éthiopiens, les Tutsis, les Khoisans et dans de nombreux endroits où l'élevage laitier a constitué une partie importante de leur évolution agricole, y compris non seulement le lait de vache et de chèvre, mais aussi le lait de chamelle pour les éleveurs du Moyen-Orient.

Aussi risqué que soit le lait de vache, les racistes avoués ont montré un grand intérêt pour la génétique moderne comme outil dans leur arsenal, avec un degré d'incompréhension des complexités de l'évolution et de l'histoire humaines similaire à celui de ceux qui aspirent simplement à être un peu vikings. Plus largement, la génétique des populations est cooptée pour réaffirmer les tendances anciennes et naturelles selon lesquelles nous devons rechercher un sens et une identité dans nos sociétés. Les tentatives de justification du racisme ont toujours été ancrées dans la science - ou plus précisément dans une science mal comprise, mal représentée ou tout simplement spécieuse. Il n'a jamais disparu, mais aujourd'hui, au début de la troisième décennie du XXIe siècle, le racisme fait ouvertement son retour, revitalisé par la nouvelle génétique.

Cette science est difficile. Elle repose sur l'exploration de l'ensemble de données le plus vaste et le plus complexe que nous connaissions, à savoir le génome humain. Les outils que nous utilisons pour extraire des informations significatives d'un code composé de 3 milliards de lettres sont également extrêmement compliqués, des cauchemars statistiques qui nécessitent à la fois une expertise et une réflexion approfondie. L'histoire de la race, de la colonisation, de l'empire, de l'invasion et de l'esclavage est tout aussi tortueuse et fait l'objet d'un examen académique sérieux. Mais l'expression de ces disciplines se retrouve dans la vie de chacun. L'homme est plein de préjugés, enseignés, appris et acquis par l'expérience, et ceux-ci peuvent constituer les fondements de points de vue qui ne sont pas soutenus par la science contemporaine.

Nous avons besoin d'histoires simples pour donner un sens à nos identités. Ce désir est en contradiction avec la réalité des variations humaines, de l'évolution et de l'histoire, qui sont désordonnées et extrêmement compliquées. Mais elles sont inscrites dans nos gènes. Le but de ce livre est d'anatomiser et d'exposer précisément ce que notre ADN peut et ne peut pas nous dire sur le concept de race.

La génétique humaine est l'étude de la façon dont nous sommes différents et identiques les uns aux autres : dans les individus, dans les maladies, dans les populations et dans l'histoire. La plupart des généticiens contemporains (mais pas tous) ne sont pas d'accord avec l'idée que les variations génétiques entre les groupes raciaux traditionnels de personnes sont significatives en termes de comportement ou de capacités innées. Pourtant, on continue de publier des articles universitaires dans lesquels les bases génétiques de traits complexes semblent être stratifiées par des lignes raciales. Bien que les articles publiés dans des revues réputées par le biais du processus d'évaluation par les pairs constituent la méthode standard de diffusion de la recherche, il ne s'agit pas d'un indicateur d'un étalon-or de la vérité. Il s'agit plutôt d'un signe que la recherche est d'un niveau digne d'un débat académique plus approfondi. La génétique est technique et statistique, et il existe de nombreuses façons de couper un gâteau, d'écorcher un chat ou de traiter une étude d'association pangénomique. Les scientifiques sont toujours en désaccord sur la signification des résultats, ou sur les techniques utilisées dans leurs analyses. Il est tout à fait possible qu'un article publié dans une revue réputée soit imparfait, voire erroné. C'est pourquoi nous publions — pour que d'autres experts puissent tester nos idées. La diffusion des recherches est agréablement plus facile à l'ère de l'internet, tout comme la diffusion d'arguments médiocres ou d'interprétations erronées par de mauvais acteurs. En conséquence, les nuances de ces discussions académiques se perdent dans un bourbier d'affirmations colériques et scientifiquement illettrées sur le tribalisme, la politique identitaire et le racisme pur déguisé en science.

Souvent, ces discussions sont entravées non seulement par l'inexpérience, mais aussi par l'imprécision du langage. La race est un terme très mal défini. Depuis le dix-septième siècle, les tentatives de catégorisation des gens en types de races ont abouti à un nombre de races compris entre une et soixante-trois. Nous parlons volontiers de Noirs, ou d'Asiatiques de l'Est, ou d'autres catégorisations de milliards de personnes qui se réfèrent principalement soit à des masses géographiques, soit à une poignée de caractéristiques physiques — rien de plus que la pigmentation.

Le racisme a de nombreuses définitions ; une version simple est que le racisme est un préjugé concernant l'ascendance ancestrale qui peut aboutir à une action discriminatoire. Il s'agit du couplage d'un préjugé contre des traits biologiques inaltérables avec un comportement injuste fondé sur ces jugements, et peut opérer à un niveau personnel, institutionnel ou structurel. Selon cette définition, le racisme est quelque chose qui a toujours existé, même si la race en tant que concept a évolué au fil du temps. Le terme « race » a toujours été synonyme de catégories plus scientifiques telles que les sous-espèces ou le type biologique, mais ces catégories ont également été utilisées pour décrire les animaux et les végétaux, ainsi que les tribus, les nationalités, les ethnies et les populations.

En biologie moderne, la race a été utilisée avec plus de spécificité, en tant que catégories informelles que les gens comprennent généralement en raison de l'usage commun contemporain. Mais en raison d'une taxonomie toujours plus précise chez l'homme, aucun des usages historiques ou familiers de la race ne correspond à ce que la génétique nous apprend sur les variations humaines. Par conséquent, nous sommes enclins à dire des choses désinvoltes telles que « la race n'existe pas » ou « la race n'est qu'une construction sociale ».

Bien que ces sentiments puissent être bien intentionnés, ils peuvent avoir pour effet de saper la manière scientifiquement plus précise d'exprimer les complexités des variations humaines, et nos tentatives maladroites de nous classer ou de classer les autres. La race existe très certainement parce qu'elle est une construction sociale. Nous devons répondre à la question de savoir s'il existe un fondement de la race qui soit significatif en termes de biologie fondamentale et de comportement. Existe-t-il des différences biologiques (c'est-à-dire génétiques) essentielles entre les populations qui expliquent des similitudes ou des divisions socialement importantes au sein de ces populations ou entre elles ?

Si la race est une construction sociale, il y a également un fondement biologique à cela : la catégorisation grossière des peuples se fait par des traits physiques tels que la pigmentation ou la physionomie, et nous devons reconnaître que ce sont des caractéristiques qui sont déterminées en grande partie par l'expression des gènes, qui varient entre les personnes et les populations de manière à ce que nous puissions les examiner avec plus de profondeur et de précision aujourd'hui qu'à tout autre moment de l'histoire. Les catégorisations culturelles sont pour la plupart dérivées de l'ascendance, ce qui signifie en gros que les personnes d'un groupe sont plus semblables génétiquement les unes aux autres qu'à celles qui n'appartiennent pas à ce groupe. Ces variations sont-elles biologiquement significatives ? La peau foncée que nous associons le plus souvent à des personnes dont les ancêtres ne sont pas issus de la diaspora Out of Africa il y a environ 70 000 ans est déterminée par les gènes, tout comme la pigmentation foncée des populations du sud de l'Inde et des indigènes d'Australie, dont les ancêtres ont tous deux quitté l'Afrique des millénaires plus tôt. Personne ne pense vraiment que les versions de ces gènes de pigmentation chez les Africains leur confèrent la capacité de courir plus vite ou plus longtemps que les autres. Pourtant, une hypothèse courante persiste, à savoir qu'il y a quelque chose d'implicitement associé à la pigmentation qui se traduit par des capacités physiques. De nombreuses voix influentes de l'histoire européenne — Kant, Voltaire, Linné — l'ont cru.

Nous sommes une riche symphonie de la nature et de l'éducation — de l'ADN et de l'environnement — des choses avec lesquelles nous sommes nés et des choses qui se produisent en nous et pour nous. Notre biologie fondamentale est codée dans nos gènes, qui sont hérités de nos parents — et donc de nos ancêtres — dans une combinaison qui est unique à chacun d'entre nous. Ce code est inaltérable (à l'exception des mutations qui peuvent être inoffensives ou qui peuvent causer des maladies, comme les cancers), et constitue donc le fondement de notre vie. Il n'existe pas de métaphore parfaite qui décrive utilement l'époustouflante complexité de nos génomes, telle que révélée par la science du XXIe siècle. Depuis des années, on parle de l'ADN comme d'un « plan », mais cela est trompeur et n'a guère de valeur explicative, car cela implique un plan détaillé et cartographié, chaque instruction décrivant une composante de notre biologie qui est déterminée par sa nature.

Les gènes sont des séquences de substances chimiques codées qui déterminent l'ordre des acides aminés qui forment les protéines qui régissent notre biologie. Les étapes qui mènent du code écrit brut à une vie vécue sont extraordinairement complexes. Les protéines se présentent sous la forme d'enzymes, d'hormones, d'architecture cellulaire, de mécanismes moléculaires, de transporteurs, et toutes fonctionnent en réseau avec d'autres molécules, dans une série de cellules et d'organelles, dans les tissus et les organes, exprimées dans le temps et l'espace de la conception à la mort. Lorsque nous parlons de nature et d'alimentation, il n'est ni utile ni exact de penser à ces deux phénomènes en opposition. La nature — c'est-à-dire l'ADN — n'a jamais été opposée à l'éducation — c'est-à-dire à tout ce qui n'est pas de l'ADN. Nos génomes sont la totalité de notre ADN, et c'est là que se trouvent nos gènes. L'éducation — c'est-à-dire l'environnement non génétique — ne signifie pas que vos parents vous ont fait des câlins ou vous ont ignoré quand vous étiez enfant ; elle signifie toute interaction entre l'univers et vos cellules, y compris la façon dont vous avez été élevé, mais aussi tout, de l'orientation de votre fœtus in utero au caractère aléatoire du hasard, de la chance et du bruit dans un système très désordonné.

Au XXe siècle, les scientifiques ont oscillé entre les pôles du déterminisme génétique et du négationnisme génétique. Les mouvements eugéniques populaires de l'avant-guerre étaient caractéristiques d'une croyance selon laquelle nos succès et nos faiblesses étaient inébranlables et immuables. Après la révélation des atrocités de la Seconde Guerre mondiale, la culture de la recherche a basculé vers « l'ardoise blanche » — l'idée que c'est l'environnement qui façonne notre caractère. La vérité est, inévitablement, quelque part au milieu, bien qu'il y ait des débats en cours pour savoir lequel est dominant. Nier l'importance de la génétique dans l'influence de nos comportements est certainement une folie. Cela est peut-être plus évident dans le sport, un domaine dans lequel le terrain de jeu n'est jamais égal. Le succès dans le sport a sans aucun doute une base fondamentalement biologique — la physiologie et l'anatomie sont intrinsèques à la victoire. Les formes physiques varient dans les populations du monde entier, et notre amour du sport peut nous amener à évoquer des liens entre la génétique, l'ascendance et l'anatomie. Mais les gènes ne sont pas le seul facteur déterminant de la réussite sportive, qui est une interaction profondément complexe entre la génétique et une vie, comme nous l'explorerons dans la troisième partie. Les questions auxquelles nous devons répondre en matière de biologie, de culture et de race concernent le poids de l'influence des gènes, et la question de savoir si elle est unique ou essentielle à certaines populations.

Si l'étude de l'homme est complexe, il n'y a pas de domaine de la biologie plus difficile à comprendre que nos capacités cognitives. La science permettant de comprendre le fonctionnement du cerveau en est à ses débuts. La façon dont les neurones se connectent et abritent les pensées, la façon dont ces pensées se traduisent en action ou en expérience au sein des personnes et entre les personnes reste mystérieuse. La neuroscience, la psychologie, la sociologie et l'anthropologie sont toutes des disciplines scientifiques qui concernent les personnes et qui sont antérieures à la génétique, tout en étant ancrées dans celle-ci. L'évolution trompe nos yeux ; elle présente les gens comme étant semblables alors que le code sous-jacent dit quelque chose de différent.

Les cerveaux sont biologiques et donc construits sur des gènes, qui varient entre les personnes et les populations. La catégorisation culturelle, sociale, ancestrale et familiale du fait d'être juif a-t-elle une base biologique qui fait également que les juifs ont des capacités cognitives apparemment plus importantes que les non-juifs, comme on l'affirme souvent ?

Le prétendu écart entre les populations ethniquement noires et les autres populations dans les tests de QI est-il dû à des différences génétiques, ou bien se situe-t-il dans nos sociétés ? Le succès des Juifs dans des activités ostensiblement intellectuelles telles que les échecs, la musique classique et la science résulte-t-il d'un avantage biologique, au-delà d'un intérêt purement culturel pour ces activités ?

Ces deux exemples, les prouesses physiques et l'intelligence sont un récapitulatif des opinions qui ont été exprimées à la naissance de la génétique en tant que discipline, il y a un siècle, lorsque le racisme était bien plus acceptable sur le plan culturel. Les arguments à l'appui des observations fortuites des gens prennent parfois cette forme : Les Juifs sont doués pour les activités intellectuelles parce que leur propre histoire de persécution et d'association avec des entreprises financières au cours des siècles les a récompensés et leur a donné des capacités cognitives supérieures ». De même, « des siècles d'esclavage ont donné aux Noirs une force physique qui explique leur succès dans certains sports ». Ces deux hypothèses scientifiques sont potentiellement vérifiables à l'ère actuelle de la génétique, bien qu'aucune d'entre elles ne soit nouvelle. Les gens écrivent sur le cerveau des Juifs et les muscles des Noirs depuis des siècles, depuis l'avènement de l'anthropologie, de l'évolution et d'une étude plus formelle de l'héritage biologique au XIXe siècle, sous le couvert de la science. Ces croyances sont communes, et pas du tout exclusives aux suprémacistes blancs.

Mon sujet a un passé sombre, enraciné dans le colonialisme, la suprématie des Blancs et la persécution. Ma propre ascendance académique est intrinsèquement liée à la naissance du racisme scientifique, à l'eugénisme et aux plus grandes atrocités de l'histoire humaine. Ce sont des histoires et des théories qui ont désespérément besoin d'être revisitées, armées d'une compréhension de la biologie du XXIe siècle.

La génétique est intégrée à l'histoire des races de toutes les manières imaginables. Nous allons analyser ce que la génétique dit sur la couleur de la peau aujourd'hui et dans notre histoire et notre ascendance, sur l'intelligence, sur notre corps et les prouesses sportives, sur les mythes de la race, de la pureté raciale et de la supériorité raciale. De plus, ce livre est un outil — une arme — à brandir lorsque la science est faussée, déformée ou abusée pour faire valoir un point de vue ou pour justifier la haine.

Première Partie : LE JEU DE LA PEAU

De toutes les significations raciales utilisées par les humains, la peau est la plus marquante — commençons donc par la couleur. Les humains sont une espèce très visuelle, et la pigmentation est le premier et principal indicateur sur lequel nous nous basons pour classer les gens. La couleur de la peau est déterminée par les gènes, en dehors des effets marginaux du soleil.

Les gènes codent les protéines ; les protéines font de la biologie, ce qui signifie que toute vie est faite de ou par des protéines. Les cheveux sont faits de kératine, qui est une protéine. La mélanine qui pigmente les cheveux et la peau n'est pas une protéine en soi, mais sa production est fortement contrôlée par les protéines, qui sont codées par des gènes. Bien que nous partagions tous le même ensemble de gènes, ils sont identiques, mais différents. De petites variations dans la séquence d'un gène entre deux personnes se manifesteront sous la forme de protéines subtilement différentes, et c'est ce qui fait la différence biologique entre tous les humains.

Nous sommes confiants dans notre compréhension des fondements de la génétique, mais relier le code génétique de base à la forme et à la fonction d'une protéine est délicat. Comme nous le découvrons de plus en plus à l'ère de la génomique, il n'est jamais facile, et surtout impossible, de prédire la manifestation physique du gène qui le code — le phénotype à partir du génotype. Au XIXe siècle, le scientifique Gregor Mendel a croisé les plants de pois par milliers et a découvert que les traits se transmettent de génération en génération selon des modèles discrets et des règles strictes. Après la redécouverte des travaux de Mendel au début du XXe siècle, le concept de gène a été défini comme l'unité d'héritage — un élément discret d'information héréditaire. En fait, cette idée est beaucoup plus ancienne, bien qu'elle n'ait été codifiée scientifiquement qu'au XXe siècle. La plus ancienne description d'une maladie génétique provient du Talmud, dans l'instruction rabbinique qui dispense certains garçons de la circoncision dans les premiers jours, si d'autres membres masculins de la famille se sont vidés de leur sang au cours de la même procédure — présentant ce que nous savons maintenant être de l'hémophilie. Ce mode d'héritage, comme la forme ou la couleur des plants de pois de Mendel deux mille ans plus tard, est fondé sur des règles qui sont indéniablement correctes, et nous les appelons mendéliennes.

Le tableau du patrimoine génétique s'est avéré beaucoup plus compliqué chez l'homme que chez le pois. Nos anciens modèles simplistes de la relation entre un gène spécifique et une caractéristique particulière ont été érodés au cours des deux dernières décennies. Ce n'est pas nouveau en ce qui concerne les traits humains complexes, tels que l'intelligence ou les maladies comme la schizophrénie, où des dizaines, voire des centaines de gènes ont été révélés comme jouant un rôle mineur, mais cumulatif dans leur développement. Nous le savons depuis quelques années. Les génomes sont des écosystèmes complexes et dynamiques, dans lesquels les gènes ont de multiples fonctions dans l'organisme, selon l'endroit et le moment où ils sont nécessaires. Un gène impliqué dans la croissance d'un embryon juste après la conception peut avoir un rôle très différent plus tard dans la vie, ou aucun rôle du tout. Un gène peut avoir des rôles multiples — un effet que nous appelons pléiotropie. Un autre phénomène, appelé épistasie, signifie que l'impact d'un gène dépend des autres ; son effet peut être positif ou négatif et peut se produire entre des gènes complètement différents dans des réseaux, ou même entre les deux copies de chaque gène que nous avons tous, un ensemble hérité de chaque parent. Les gènes font beaucoup de choses de différentes façons, et même en les étudiant toute une vie, vous découvrirez de nouvelles façons de faire du génome humain. Le code génétique est resté statique pendant des milliards d'années, mais l'évolution n'a cessé de modifier la façon dont il est utilisé pour construire une vie.

Les exemples de manuels que nous utilisons pour couvrir les principes de base de l'héritage biologique sont souvent ceux qui concernent la pigmentation, comme la couleur des yeux, mais ils ne sont pas aussi simples que ce que nous enseignons. Nous apprenons à l'école que les yeux bleus et bruns sont codés par différentes versions du même gène (appelé allèle ; l'allèle brun est dominant sur le bleu, ce qui signifie que pour avoir des yeux bleus, il faut hériter d'un allèle bleu de sa mère et de son père, et la présence d'un ou deux allèles bruns donne des yeux bruns). C'est vrai, mais c'est compliqué par le fait qu'il existe un gène impliqué dans la pigmentation verte de l'iris, et qu'il a été démontré qu'au moins une douzaine d'autres gènes ont un effet sur la couleur des yeux. Le résultat de ce réseau est que, contrairement à ce que nous apprenons à l'école, il est possible qu'un enfant ait des yeux de n'importe quelle couleur malgré la combinaison de couleurs des yeux de ses parents.

Un autre exemple qui a permis de maintenir un modèle mendélien simple pour l'héritage est le MC1R, un gène impliqué à nouveau dans toute la pigmentation, mais plus manifestement dans le trait très visible de la couleur des cheveux. Il existe de nombreuses variantes de MC1R, mais environ dix-sept d'entre elles modifient le comportement de la protéine qu'il encode, ce qui entraîne la production d'un type spécifique et inhabituel de mélanine pigmentaire. Si vous avez deux copies de l'une de ces variantes, vous avez les cheveux roux. En ce sens, la rouxité est un trait récessif classique : seules les personnes ayant deux allèles rouges de MC1R auront des mèches rousses.

C'était le cas jusqu'en décembre 2018, date à laquelle une vaste enquête génétique a révélé que les variantes gingembre de MC1R représentent environ 70 % des personnes rousses, et que la majorité des personnes ayant deux variantes supposées gingembre ont en fait les cheveux bruns ou blonds. Près de 200 gènes semblent avoir une certaine influence sur la pigmentation des cheveux, ce qui représente environ 1 % du nombre total de gènes du génome humain. Ce n'est qu'à l'ère des grands ensembles de données génomiques que ce type de résultat a pu être exposé : les scientifiques responsables de l'étude ont examiné 350 000 personnes pour révéler que le modèle autrefois simple des cheveux roux est beaucoup plus proche d'être d'une complexité insondable.

Tout au long de la courte histoire de la génétique, nous nous sommes accrochés à des modèles simples qui expliquent des traits apparemment simples, comme la couleur des yeux et des cheveux. Mais regardez les yeux des gens, et vous verrez un spectre complet allant du bleu le plus pâle au presque noir, et en plus de cela, des motifs mélangés dans l'iris, des taches de différentes nuances et une hétérochromie complète, où les yeux peuvent avoir des secteurs clairs de différentes couleurs ou, dans certains cas, chaque œil est d'une couleur différente.

La pigmentation de la peau n'est pas différente. La mélanine est le pigment principal de la peau et sa fonction est la protection. Il y a plus d'un million d'années, nos ancêtres en Afrique ont commencé à perdre leur fourrure alors qu'ils se déplaçaient vers une vie dans des savanes ouvertes plutôt que dans des bois ou des jungles. Les cheveux denses sont chauds, et ils ont développé de nouvelles stratégies pour rester au frais, notamment une meilleure transpiration et la perte de la plupart de leurs poils corporels : nous avons échangé les follicules pileux contre des glandes sudoripares. Mais cette nouvelle exposition augmente le risque de carence en folate, c'est-à-dire la destruction de l'une des principales vitamines par les rayons ultraviolets du soleil. Cette déplétion entraîne toute une série de problèmes médicaux graves, dont l'anémie et les défauts de la colonne vertébrale pendant le développement dans l'utérus. Il s'agit là de pressions évolutives importantes, et la peau s'est adaptée pour y faire face.

Des cellules spécialisées à la base de la peau, appelées mélanocytes, produisent la mélanine, qui se dépose en minuscules paquets — les mélanosomes — qui migrent vers la lumière et se placent au-dessus des autres cellules de la peau. Ce faisant, ils absorbent et bloquent simplement les rayons UV avant de pouvoir épuiser les niveaux de folate dans les cellules situées en dessous. Si vous avez la peau pâle, vous avez moins de mélanine, et donc une capacité réduite à absorber les UV de cette manière, donc si je ne pouvais vous donner qu'un seul conseil pour l'avenir, ce serait la protection solaire.

Si ces principes de base sont compris, le tableau est compliqué par le fait qu'il existe plusieurs types de mélanine, dont la production varie selon l'emplacement de la cellule dans le corps. La phaeomélanine est une version plus rose qui se retrouve dans les cheveux roux, les mamelons, le pénis et le vagin. L'eumélanine est plus courante et se trouve dans la peau, l'iris et la plupart des couleurs de cheveux. De nombreux gènes sont impliqués dans les voies biochimiques qui aboutissent à la production de mélanine, et la variation naturelle entre les personnes dans les gènes est la cause première du spectre des teintes de peau que les humains ont. La taille et le nombre des mélanosomes varient entre les personnes et au sein de celles-ci, ce qui influence également la pigmentation visible. Tout comme la couleur des yeux, la couleur des cheveux et la plupart des caractéristiques humaines, la génétique de la pigmentation est complexe, déroutante, très variable et n'est que partiellement comprise.

Il n'est pas du tout surprenant qu'avec une population de plus de 1,2 milliard d'habitants dans cinquante-quatre pays, la couleur de la peau des peuples du continent africain soit une vaste tapisserie, qui recoupe celle des Indiens et des aborigènes australiens, des Sud-Américains et de certains Européens. Pourtant, on parle de « noirs » ou de « bruns ». La pigmentation d'un Écossais roux à la peau pâle est très éloignée de celle d'un Espagnol typique, bien que nous les appelions tous deux blancs. La couleur de la peau de plus d'un milliard d'Asiatiques de l'Est est tout aussi variable, mais aujourd'hui, nous avons tendance à ne pas les désigner du tout par la couleur de leur peau. Le jaune, bien qu'il ait fait partie intégrante de la description des Asiatiques de l'Est pendant plusieurs siècles au cours du développement du racisme scientifique, est tombé en désuétude et est maintenant généralement accepté comme étant totalement inexact et simplement raciste. Au contraire, les principales significations raciales pour les Asiatiques de l'Est sont le pli épicanthique de la paupière supérieure (qui est également présent chez les Berbères, les Inuits, les Finlandais, les Scandinaves, les Polonais, les Indiens d'Amérique et les personnes atteintes du syndrome de Downs), et les cheveux noirs épais et raides. Les catégories raciales traditionnelles ne sont pas cohérentes dans leurs limites taxonomiques.

Au fil des siècles, la science s'est développée et le processus par lequel nous appliquons les principes taxonomiques à l'humanité s'est de plus en plus affiné. En fin de compte, les origines et la diversité humaines seront scientifiquement unifiées dans la génétique. Mais elles ont toujours été considérées ensemble, au moins depuis le XVIIe siècle, lorsque nous avons assisté à la première des nombreuses tentatives visant à formaliser ce qu'est une race et combien de races il y a. En discutant de l'histoire de la classification humaine, il est important de reconnaître la culture dans laquelle ces descriptions ont été entreprises, et bien que beaucoup soient aujourd'hui désagréables et non scientifiques, nous pouvons les décrire comme racistes plutôt que de les condamner nécessairement en tant que telles.

Il existe de nombreuses références à la couleur de la peau dans l'histoire ancienne, notamment en Égypte, dont la géographie autour du Léviathan Nil s'étend du nord au sud, et rencontre donc une gamme de teintes de peau selon leur proximité de l'équateur — de la Méditerranée au nord à ce qui est aujourd'hui le Soudan au sud. Il existe peu de preuves de classe ou de structure sociale concernant les couleurs de peau dans l'Égypte ancienne, bien que l'on reconnaisse que leur art varie.

Les villes-états grecques et l'empire ultérieur s'étendaient sur de grandes distances et étaient principalement liés à la mer. Ils avaient de nombreux termes relatifs à l'identité, l'ethnicité et la nation : ethnos, ethos, genos et autres. La littérature grecque contient également de nombreuses références aux couleurs de peau et à la pigmentation, bien que la traduction directe ne soit pas toujours évidente. Leur portée internationale s'est étendue de l'Est jusqu'en Afrique. Les premières références à l'Éthiopie se trouvent dans l'Iliade et l'Odyssée — le mot lui-même est une compression de aitho et ops : brûlé et visage. Dans l'Iliade, les cheveux d'Achille sont décrits comme xanthos, ce qui peut signifier blond, brun ou même roux. Comme dans toutes les langues, les mots anciens ne correspondent pas nécessairement aux mots actuels. Parfois, ces mots sont utilisés pour décrire le tempérament et l'apparence physique, comme dans l'anglais moderne — blonde devenant un terme péjoratif envers les femmes pour signifier « déjanté » ; swarthy est répertorié dans certains dictionnaires comme signifiant « saturnin » ou « mystérieux », ainsi que « sombre ». Odysseus est parfois xanthos, mais aussi parfois noir de peau, et dans la traduction de The Odyssey d'Emily Wilson, il était bronzé. Après tout, c'était un homme compliqué.

Peut-être que pour la majorité d'entre nous qui ne sommes pas des érudits classiques, l'hypothèse de la blancheur des Grecs anciens provient des anciennes statues que nous voyons aujourd'hui d'un blanc de marbre pur, mais qui ont été peintes avec éclat en leur temps. En revanche, la plupart des représentations de personnes sur les poteries antiques sont d'un noir monotone, bien que personne ne suppose que cela signifiait que les Grecs avaient la peau foncée.

De même, Rome était un immense domaine intercontinental, à la fois république et empire. Elle a asservi les gens du nord et du sud, mais a également intégré les non-Romains dans la société en dehors de la servitude. Le fait qu'il y ait eu des gens de toute l'Afrique et du Moyen-Orient dans la Grande-Bretagne romaine est totalement incontestable. Il n'est pas facile de connaître les proportions de ces groupes internationaux, notamment en raison de la diversité au sein de l'Empire romain et du manque d'importance ou de clarté des mots utilisés pour décrire la pigmentation. Néanmoins, les preuves écrites et archéologiques sont sans équivoque. Le gouverneur romain de Grande-Bretagne du deuxième siècle, Quintus Urbicus, est né en Numidie, l'actuelle Algérie. Une pierre tombale de South Shields, datant de la même époque, marque la mort d'une femme des environs de Londres, Regina, une esclave libérée qui a épousé un homme appelé Barates, originaire de Palmyre en Syrie. À l'ère de la génomique, nous pouvons utiliser l'ADN pour évaluer le mélange entre divers groupes de l'histoire, mais jusqu'à présent, il y a une pénurie par rapport aux Britanniques romains. Il y a de nombreuses raisons à cela : le filet pour l'étude des génomes des os romains n'a pas encore été jeté et il est tout à fait possible que ces gènes aient dérivé des génomes contemporains.

Peut-être qu'il n'y a pas eu beaucoup de relations sexuelles avec les habitants, ce que nous appelons en gros un mélange — il y a également peu de traces d'ADN danois chez les Britanniques d'aujourd'hui, malgré plusieurs siècles de domination globale et de Danelaw au Moyen-Âge. Néanmoins, il y a des indicateurs clairs de mélange avec l'Afrique. En 2007, un petit groupe de Yorkshiremen blancs sans lien connu avec l'Afrique s'est avéré porteur de chromosomes Y, que l'on trouve le plus souvent dans des pays comme la Guinée-Bissau, et ce flux génétique pourrait avoir eu lieu en Grande-Bretagne romaine.

Il ne s'agit pas de dépeindre le passé de l'Europe comme un utopique melting-pot d'égalité. Loin de là — c'était l'époque de l'esclavage et de l'expansion coloniale à grande échelle. Les stéréotypes et les préjugés religieux et ethniques abondaient. Mais leurs critères d'assujettissement n'étaient pas les mêmes que les nôtres aujourd'hui, et la pigmentation n'a pas toujours été un facteur déterminant du caractère ou de la descendance.

Au sein de l'Islam du Moyen-Âge, la supériorité ou les préjugés dus à la couleur de la peau ne sont guère discutés dans la littérature qui subsiste, jusqu'aux écrits du philosophe Avicenne du XIe siècle, qui pensait que les personnes exposées à des climats extrêmes (par rapport au Moyen-Orient) étaient plus adaptées à l'esclavage en raison de différences de tempérament déterminées par la région : les Européens à la peau pâle étaient ignorants et manquaient de discernement, les Africains à la peau foncée étaient inconstants et insensés. Tous deux étaient donc adaptés à l'oppression pendant une période qui a duré plus de 900 ans et qui a englobé plus de cinq millions de personnes réduites en esclavage.

L'émergence d'une approche scientifique (ou plus précisément, pseudo-scientifique) de la taxonomie humaine a coïncidé avec la croissance des empires européens. Avant l'expansion des Européens dans le monde, la caractérisation des différentes populations était plus probablement basée sur la religion ou la langue que sur la couleur de la peau, mais avec la naissance et la croissance de l'ère de la révolution scientifique, la pigmentation est devenue essentielle au caractère des humains.

S'il est vrai que certains des pionniers de l'anthropologie avaient à cœur les principes scientifiques, l'autre partie de la population dans les colonies potentielles ou réelles a pour effet de permettre la subjugation. Il est beaucoup plus facile de faire valoir l'argument de l'occupation et de l'esclavage si vous êtes persuadé que les indigènes sont différents, ont des origines différentes et sont qualitativement inférieurs aux colons. Malgré ce processus de racialisation, à partir du dix-septième siècle, certains ont adhéré à une vision chrétienne qui était moins divisante sur le plan racial, car tous les humains étaient les enfants d'Adam et Ève. Cette idée, le monogénisme, était soutenue par des érudits importants comme Robert Boyle et Emmanuel Kant. Kant a formulé l'idée qu'il y avait une seule origine pour l'humanité, mais que les différences fixes, principalement dans la couleur de la peau, provenaient des conditions locales.

La théorie opposée, le polygénisme, prétend que des populations humaines distinctes sont apparues dans les régions qu'elles habitent actuellement, et ont donc eu des comportements biologiques et culturels différents par le biais d'une évolution isolée. Parmi les partisans de cette théorie, on trouve Voltaire.

Le naturaliste suédois Karl Linnæus a fondé la classification taxonomique de tous les êtres vivants que nous utilisons encore aujourd'hui : genre et espèce — Homo sapiens. En 1758, dans la 10e édition de son classique Systema Naturae, il nous a inclus dans cinq catégories ou sous-espèces : Afer (qui signifie Afrique), Americanus, Asiaticicus, Europæus et Homo sapiens monstrosus. Une grande partie de son schéma était la couleur de la peau, mais il est à noter qu'il applique toutes sortes de jugements de valeur racistes en plus des traits biologiques plus prosaïques : Les Afer étaient des femmes paresseuses, rusées, sans honte et régies par des caprices ; les Americanus étaient roux, avec des cheveux noirs raides, et étaient zélés et têtus, et régis par des coutumes ; les Asiaticus étaient sévères, hautains, avides et régis par des opinions. Et son jugement sur la sous-espèce Europæus ? Doux, aigu, inventif et régi par des lois. Quant à l'Homo sapiens monstrosus, Linné a mêlé la légende à la science contemporaine, y compris à des humains mythiques et quelque peu bizarres : des gens sauvages, des garçons et des filles loups, des nains de Patagonie et des Hottentots à une boule.

Tous n'étaient pas aussi antagonistes et racistes dans leurs tentatives de catégoriser les gens et de justifier les hiérarchies raciales. Au XVIIIe siècle, l'anthropologue allemand Johann Blumenbach a été l'un des premiers à appliquer des principes scientifiques aux populations. Il a également classé les humains en cinq groupes taxonomiques ancestraux : Les Caucasiens (qui signifient les

Européens blancs) ; les Asiatiques de l'Ouest et les Nord-Africains ; les Éthiopiens (qui signifient les Africains subsahariens) ; les Mongols, c'est-à-dire les Asiatiques de l'Est à l'exclusion de l'Asie du Sud-Est, qu'il a classé comme Malais ; et les Amérindiens. La craniométrie, basée sur des mesures effectuées sur soixante crânes, constituait la grande partie de son schéma, bien plus que la couleur de la peau, bien que certaines des épithètes de pigmentation qui sont encore utilisées aujourd'hui proviennent de cette taxonomie : il désignait ses cinq catégories comme étant le blanc, le noir, le jaune, le brun et le rouge. En tant que créationniste biblique d'un genre particulier, il a fait valoir qu'Adam et Ève étaient des Caucasiens à la peau blanche nés en Asie, et que leurs descendants avaient migré de cette base dans le monde entier. C'est ce que l'on appelle l'hypothèse dégénérative, selon laquelle les races ont émergé des conditions environnementales locales, comme dans le cas de la pigmentation foncée des Africains en réponse au soleil, dans le cadre de laquelle Blumenbach était catégorique sur le fait que ces cinq variétés ne formaient qu'une seule espèce.

Il est intéressant de constater que Blumenbach était proche de la compréhension scientifique moderne des migrations et de l'évolution de l'homme, bien qu'il se soit trompé sur presque tous les points. Nous savons maintenant que l'Homo sapiens est une espèce africaine à l'origine, probablement panafricaine, avec des racines certainement dans la vallée du Rift à l'est, mais aussi en Afrique du Nord, où les plus anciens restes de notre espèce ont été trouvés, datant d'environ 300 000 ans. Nous savons que la peau pâle est une adaptation par le biais du processus de sélection naturelle à l'exposition à un soleil plus faible dans les climats nordiques plus nuageux. Il convient également de noter que Blumenbach était plus réservé lorsqu'il affirmait que les Africains étaient inférieurs aux Européens blancs : « Il n'y a aucune nation dite sauvage connue sous le soleil qui se soit autant distinguée par de tels exemples de perfectibilité et de capacité originale de culture scientifique, et qui se soit ainsi attachée de si près aux nations les plus civilisées de la terre, comme le Noir ».

Un autre contemporain de Blumenbach — et antagoniste de Kant — était Johann Gottfried von Herder, qui adoptait un point de vue scientifique qui semble encore plus moderne : il soutenait que l'idée de quatre ou cinq catégories raciales était spécieuse. Les couleurs se rencontrent... », écrivait-il, et voyait les variations humaines dans un continuum qui « appartient moins à l'histoire systématique de la nature qu'à l'histoire physique géographique de l'humanité ».

L'évaluation de Von Herder s'inscrit de façon impressionnante dans la ligne des vues scientifiques du XXIe siècle sur le voyage global de l'homme. Sa voix s'est perdue dans l'affirmation plus forte de Kant selon laquelle la couleur de la peau était intrinsèquement liée au caractère, liée par la biologie, innée, et qu'elle était donc une manière légitime de catégoriser et de classer les humains. Ceux qui avaient la peau pâle étaient supérieurs à ceux qui avaient la peau foncée.

Kant était également convaincu que ces qualités étaient immuables. La noirceur de la peau africaine était gravée dans le marbre, et avec elle la stupidité, ainsi que certaines caractéristiques connexes. Il partageait cette idée de fixité avec le naturaliste français George Cuvier, qui a opté pour trois races d'humains en 1798 : Caucasien, Mongol et Éthiopien. Il les classait également dans cet ordre, les Européens étant les plus beaux et « supérieurs aux autres par leur génie, leur courage et leur activité ».

Au XIXe siècle, la biologie s'achemine vers une véritable révolution. L'idée d'évolution et d'éloignement de la création spéciale faisait partie de la culture scientifique changeante, et en 1859, l'Origine des espèces de Charles Darwin allait dévoiler la vérité de l'histoire de la vie sur Terre, et le processus par lequel tous les êtres vivants, nous compris, s'étaient réalisés. Dans les années qui ont suivi le dévoilement de la sélection naturelle, la continuité de la vie sur Terre est devenue l'idée dominante, bien que la classification et la taxonomie soient toujours nécessaires : la vie est continue, mais il existe des frontières réelles et non négociables entre les créatures. Thomas Huxley, l'ami et le plus grand défenseur de Darwin, a tenté de classifier notre espèce en 1870. Bien qu'il se soit tenu au concept linnéen des « quatre grands groupes de l'humanité » (qui exclut aujourd'hui le « monstre »), il a adopté une approche beaucoup plus résolue, en délimitant des dizaines de populations individuelles et en essayant de tenir compte scientifiquement de leurs différences. Il a appliqué des subdivisions de population dont les noms, heureusement, n'ont jamais été retenus, comme Xanthochroi pour les Blancs de bonne réputation, et Melanochroi, les Européens à la peau plus foncée vers la Méditerranée. Bien qu'il ait utilisé le jargon technique d'un scientifique de l'époque victorienne et qu'il se soit beaucoup appuyé sur les mesures du crâne, Huxley a également utilisé un langage indéchiffrable imprécis : « La stature du nègre est, en moyenne, juste, et le corps et les membres sont bien faits ».

Mais il a également reconnu le mélange de toutes ces populations, un fait démontré par la génétique au XXIe siècle.

Et ainsi de suite. Au XXe siècle, l'influent anthropologue américain Carlton Coon a défini cinq classes d'Homo sapiens : les Caucasoïdes, les Mongoloïdes (qui comprennent tous les indigènes des Amériques et de l'Asie de l'Est), les Australoïdes (c'est-à-dire les aborigènes australiens) et deux types de Négroïdes — les Capoïdes et les Congolais (originaires d'Afrique australe, près du Cap, et du Congo). La science contemporaine a rejeté ces classifications, bien qu'elles subsistent encore chez certains membres plus âgés du public.

Le fait que l'on n'a jamais réussi à se mettre d'accord sur le nombre de races est révélateur de sa folie. Personne ne s'est jamais mis d'accord sur le nombre de races ni sur leurs caractéristiques essentielles, si ce n'est les généralisations habituelles sur la couleur de la peau, la texture des cheveux et certains traits du visage. Il est difficile de démêler la logique, les preuves et les motivations de la pluralité des conceptions prédarwiniennes des origines humaines.

Le langage archaïque des écrits des anthropologues des XVIIIe et XIXe siècles n'est pas toujours clair en termes scientifiques modernes — la race et les espèces sont parfois utilisées de manière interchangeable ; certaines semblent plus scientifiques, comme celle de Blumenbach, d'autres, comme les opinions de Kant et de Voltaire, sont sans équivoque et pernicieusement racistes selon les normes actuelles. Chacune de ces idées doit cependant être considérée dans le contexte culturel et l'époque où elle a été rédigée. Elles sont toutes le fait d'hommes européens exposés aux peuples du monde en raison de l'expansion des voies commerciales, de la colonisation et de la construction d'un empire et, dans de nombreux cas, de la conquête et de l'asservissement des peuples qu'ils ont rencontrés. L'invention de la race se produit à une époque d'exploration, d'exploitation et de pillage, une époque où l'éloignement des peuples des colonies s'est étendu aux véritables zoos humains.

En 1810, une femme khoïkoï appelée Saartjie Baartman a été amenée à Londres depuis le Cap, où elle a été exposée sur scène à Piccadilly, parfois en laisse : « la Vénus Hottentot - le plus grand phénomène de l'intérieur de l'Afrique ». Saartjie (ou petite Sara) était son prénom néerlandais — son nom de naissance est aujourd'hui oublié. L'origine ethnique de Sara faisait certainement partie de l'attrait, mais elle était présentée de la même manière que d'autres « curiosités vivantes » contemporaines, les extrêmes de l'obésité et de la maigreur, de la taille et d'autres anomalies médicales, ce que nous appellerions aujourd'hui un phénomène de foire.

Après quatre ans à Londres et une tournée au Royaume-Uni, Baartman a été vendu à un dresseur d'animaux français et exposé au Palais Royal. Là, elle vivait effectivement comme une esclave, et des scientifiques l'ont inspectée, dont George Cuvier. Un intérêt particulier a été porté à un trait commun du peuple khoisan appelé stéatopygie, des dépôts de graisse sur les fesses et les seins de Baartman, et à l'anatomie de ses lèvres, qui, bien que n'ayant jamais été révélées publiquement, étaient considérées comme relativement volumineuses. Sara Baartman est morte à l'âge de 26 ans en 1815, probablement de la variole ou de la syphilis. Cuvier a pratiqué son autopsie, non pas pour déterminer la cause du décès, mais pour examiner plus avant les caractéristiques anatomiques fondamentales. Ce sombre récit d'exploitation et d'objectivation littérale est un élément clé du développement des idées de racisme scientifique de Cuvier, son corps étant supposé être typique et fixé pour sa catégorie d'Éthiopien — une classe d'humains déconnectés, par leur comportement et leur histoire, des autres races intrinsèquement supérieures.

Au XIXe siècle, on s'est progressivement éloigné du polygénisme. La théorie de l'évolution de Darwin était fondée sur l'antiquité de l'humanité et sur le fait que l'âge de la Terre était de plusieurs millions d'années plutôt que de 6 000 ans, comme le veut la tradition créationniste. Néanmoins, pendant la seconde moitié du XXe siècle, les débats scientifiques sur les origines humaines ont opposé l'hypothèse « Out of Africa » à l'hypothèse « Multiregional ». L'Homo sapiens a-t-il évolué en Afrique puis s'est-il dispersé dans le monde entier, ou un de nos ancêtres a-t-il quitté l'Afrique beaucoup plus tôt, et les différences que nous constatons dans les populations contemporaines ont-elles évolué comme des lignées distinctes ?

Il s'agit là d'une récapitulation intéressante du vingtième siècle sur le monogénisme et le polygénéisme, même s'il convient de préciser que l'hypothèse multirégionale n'était pas idéologiquement raciste — elle était simplement erronée. Dans les années 1990, avec une véritable catacombe de fossiles humains anciens trouvés dans et autour de la vallée du Rift, Out of Africa avait définitivement gagné. Un modèle de la propagation de l'Homo sapiens dans le monde entier reposait désormais sur son origine en

Afrique. Comme mentionné, les plus anciens membres de notre espèce (bien que sous des formes plus archaïques) résidaient dans ce qui est aujourd'hui le Maroc, et non dans l'est de l'Afrique, et toutes les preuves indiquent fermement qu'il y a eu une dispersion hors d'Afrique quelque 70 000 ans avant aujourd'hui.

Cette préhistoire profonde de notre espèce est intrinsèquement importante du point de vue de l'histoire de la taxonomie raciale. Les sciences anthropologiques ont commencé à fusionner avec les nouvelles techniques biochimiques au début du XXe siècle, une trajectoire qui sera pleinement réalisée avec la génétique au XXIe siècle. La biologie de la différence était sur le point de devenir moléculaire, et elle a commencé non pas avec la peau, mais avec le sang.

L'idée que le sang soit le porteur de l'héritage est ancienne. On parle de lignées et de sang pur, mais l'ADN et les gènes sont maintenant équivalents en termes de description familière de l'héritage. Le sang joue également un rôle important dans les études du XXe siècle sur la catégorisation des êtres humains. Le système ABO a été décrit au début du XXe siècle. Les différents groupes sanguins reflètent des allèles subtilement différents du gène ABO, et c'est la première fois que ce type de différence génétique a été décrit. En 1919, Ludwik et Hanka Hirschfeld ont examiné ces types dans seize groupes de soldats différents pour voir s'ils variaient selon les nations (y compris la judaïcité). Ils ont constaté que les types A et B étaient répartis dans le monde entier en groupes. Cela a fourni la base de leur théorie selon laquelle il y avait deux races humaines historiques qui se sont ensuite mélangées, ce qui explique pourquoi des groupes sanguins similaires ont été trouvés très éloignés les uns des autres. En fait, on retrouve le même système sanguin ABO chez les gibbons et les singes de l'Ancien Monde, et il est antérieur aux lignées d'hominidés. Les frères Hirschfeld ne pouvaient cependant pas cacher leurs propres préjugés en concevant ces tests : « Il suffisait de dire aux Anglais que les objectifs étaient scientifiques », a écrit Ludwik Hirschfeld dans son autobiographie.

L'étude classique de la diversité génétique, souvent citée, de Richard Lewontin a également utilisé le sang pour tester les concepts de race. Dans son article de 1972 intitulé « The Apportionment of Human Diversity », Lewontin a constaté que la grande majorité (85 %) des différences génétiques se situaient au sein des races classiques, et non entre elles. Seulement 6 % des différences étaient séparées par race. Cette conclusion a été remise en question à plusieurs reprises depuis sa publication, mais elle reste globalement correcte. Le principal défi a été formalisé en 2003 par le mathématicien Anthony Edwards sous le nom de « Lewontin's Fallacy », qui a souligné que si vous agrégez plusieurs sites de variation sur un génome, vous pouvez en fait prédire avec précision la population dont une personne est issue. Les deux résultats sont vrais ; cela dépend simplement du détail et de la résolution.

Et donc, à mesure que nous nous sommes améliorés dans la lecture des génomes et que nous avons appliqué nos connaissances à un nombre croissant d'entre eux, nous avons été en mesure de faire des images des différences entre les populations avec une résolution de plus en plus élevée. L'une des grandes études du XXIe siècle sur la génétique des populations humaines a été réalisée en 2002, dans les premières années de la révolution génomique. En prenant les génomes de nombreuses personnes dans le monde entier, nous étions maintenant en mesure de puiser dans tous ces génomes et de nous demander dans quelle mesure ils sont similaires. Cette technique repose sur la possibilité d'échantillonner des lettres de différence entre des personnes supposées être représentatives d'une population, puis de demander à un programme informatique de les regrouper, presque comme pour créer une carte des similitudes. Noah Rosenberg et son équipe ont analysé 1 056 personnes de 52 régions géographiques, et ont examiné 377 endroits du génome où l'ADN varie d'une personne à l'autre. Lorsque vous commencez avec deux, il identifie un groupe d'humains comme étant africain et eurasien, et l'autre comme étant asiatique de l'Est, indigène américain et australien. Avec trois groupes, l'Afrique est divisée en un groupe distinct. À cinq, les Australiens indigènes deviennent un groupe distinct. Les Africains, les Européens (y compris les Asiatiques de l'Ouest), les Américains d'Asie de l'Est et les indigènes, et les Australiens aborigènes.

Cela ressemble remarquablement aux taxonomies raciales classiques de l'époque du racisme scientifique. Cela signifie-t-il qu'ils avaient raison après tout ? Eh bien, non. Ce type d'analyse montre de grandes similitudes dans les populations : il reflète les masses terrestres géographiques, qui ne sont pas des obstacles insurmontables à la reproduction, mais qui entravent le métissage ; il reflète également l'histoire de l'évolution et des migrations. Les données montrent également des gradients longs et nets entre tous les groupes, et il n'y a pas de façon univoque de dire où un groupe se termine et où un autre commence. En l'absence de frontières nettes entre ces structures de population, elles ont plutôt montré une continuité entre les personnes. Comme l'avait suggéré Johann Gottfried von Herder, cela s'explique par le fait que les variations humaines ne succombent pas à une taxonomie artificielle imposée, mais reflètent plutôt l'histoire.

L'article de Rosenberg est souvent utilisé par les racistes pour prétendre à tort qu'il existe effectivement cinq races génétiquement distinctes. En fait, il n'en est rien, et cela est évident dans les données : lorsque les groupes sont fixés à deux, l'Afrique, l'Europe et l'Asie de l'Ouest sont mises ensemble comme une seule et le reste du monde comme une autre. Il n'y a pas de raison a priori de se contenter de cinq groupes comme étant la catégorisation définitive des humains, et décider de le faire parce que cela correspond à une classification plus ancienne et encore démystifiée, c'est simplement affirmer des préjugés préexistants. Lorsque vous augmentez le nombre de grappes à six, le prochain groupe distinct à émerger est celui des Kalasha. Il s'agit d'une tribu du nord du Pakistan d'environ 4 000 personnes qui se marient presque exclusivement au sein de leur propre population ethnique, qui est cachée dans un isolement relatif dans les montagnes de l'Hindu Kush. Bien que ces personnes soient quelque peu distinctes génétiquement, même le raciste le plus engagé ne décrit pas les Kalasha comme une sixième race humaine.

Gardez à l'esprit que toutes ces études reposent sur des analyses statistiques complexes sur des ensembles de données toujours plus nombreux, et qu'elles sont basées sur le génotype et non sur le phénotype. Cela signifie que même si les différences et les similitudes de l'ADN constituent des approximations utiles pour prédire les populations dont elles proviennent, elles ne correspondent pas nécessairement aux catégories traditionnelles de race, telles que déterminées principalement par la pigmentation. Ce type d'analyse est tout à fait valable et constitue la base de l'étude de l'histoire humaine, des migrations et des variations génétiques entre les populations et les personnes. Nous pourrions continuer à augmenter le nombre de groupes et trouver des similitudes et des chevauchements de plus en plus précis. Lorsqu'une cartographie génétique à plus haute résolution a été appliquée aux habitants de Grande-Bretagne en 2015, les familles qui vivaient dans le Devon depuis plusieurs générations ont pu être distinguées des habitants des Cornouailles, et lorsque ces différences précises ont été reportées sur une carte, la limite était la rivière Tamar, qui pendant des siècles a effectivement été la limite du comté. Lorsque la même technique a été appliquée à la péninsule ibérique en 2019, elle a révélé des bandes verticales de similarité, révélant que l'histoire de l'Espagne signifie que les gens sont fractionnellement mais de manière mesurable plus similaires dans un axe nord-sud qu'ils ne le sont d'est en ouest. Sont-ils fonctionnellement différents ? Bien sûr que non, c'est simplement que nous sommes devenus si bons dans l'identification de l'histoire génétique des populations que nous pouvons relever ces traces diaphanes et floues de similarité et de différence. Nous pourrions à terme regrouper tous les humains en 7 milliards d'individus, car chaque génome humain est unique.

Les humains souffrent universellement d'un syndrome que Richard Dawkins a appelé la « tyrannie de l'esprit discontinu ». Nous aspirons à catégoriser les choses et ne reconnaissons pas la continuité. Nous nous efforçons de mettre les choses dans des boîtes distinctes et de les définir par ce qu'elles sont plutôt que par ce qu'elles font. C'est un problème scientifique, qui est lié à la classification de Linné à laquelle les biologistes s'accrochent. Linné cherchait un système qui reflète les formes platoniques inviolées des créatures (et des roches - c'est sa classification qui nous a donné les silos de l'animal, du végétal et du minéral, qui tout en étant la base des Vingt Questions sur les longs trajets en voiture, n'est pas une très bonne façon de classer les êtres vivants). La pensée contemporaine à l'époque de l'expansion coloniale, et plus tard au siècle des Lumières était principalement que la création biblique était l'histoire des humains, et la classification des peuples du monde était dérivée de modèles qui reflétaient une origine unique, ou une dégénérescence de cette forme à l'image de Dieu. Même si les monogénistes ont reconnu une forme précoce d'adaptation régionale, et que l'évolution était dans l'air en tant que concept, ce n'est qu'avec le mécanisme de sélection naturelle de Darwin en 1859, et ensuite appliqué aux humains en 1871 dans La Descente de l'Homme, que les histoires naturelles des humains ont pu être expliquées. À l'ère de la génomique, nos données continueront à montrer non pas une classification discrète, mais l'histoire immensément complexe de la vie humaine sur terre sur des centaines de milliers d'années de préhistoire, et quelques milliers d'années d'histoire.

Cette vision monogénique historique est maintenant connue pour être correcte en principe, mais fausse dans tous les détails. L'Homo sapiens est une créature dont les origines se trouvent en Afrique. Il y a eu des dispersions hors d'Afrique et en Eurasie au cours des 210 000 dernières années qui se sont arrêtées, et ces personnes ne laissent aucun héritage génétique aux humains vivants, pour autant que nous puissions le dire. La principale émigration de la vraie mère patrie s'est produite il y a environ 70 000 ans, et ces personnes, qui ne sont peut-être que quelques milliers, formeront la population dont le reste du monde sera principalement tiré. Cela se voit dans les os de nos ancêtres et dans nos génomes vivants. Mais soyons clairs sur le désordre et les délais dont nous parlons ici. La sortie de l'Afrique n'a pas été un « événement » comme nous le pensons, ni une migration en termes modernes non plus. Le taux de passage est supérieur à des milliers, voire des dizaines de milliers d'années, et nous avons en effet des preuves génétiques d'une migration de retour au cours des derniers milliers d'années également. Ainsi, si une population s'est établie dans un lieu auparavant inhabité, ce n'est pas pour autant que la porte s'est refermée derrière elle. Ils n'étaient pas partis à la conquête d'une terre promise, mais ont simplement erré pendant des générations, en moyenne, loin du continent africain.

Voici donc le point de départ : tous les humains partagent la quasi-totalité de leur ADN, un fait qui trahit nos origines récentes en Afrique. Les différences génétiques entre nous, aussi minimes soient-elles, expliquent une grande partie, mais pas la totalité, des variations physiques que nous observons ou pouvons évaluer. La diaspora africaine d'il y a environ 70 000 ans et les migrations et les mélanges continus depuis lors, signifient que nous pouvons voir qu'il existe une structure au sein des génomes qui sous-tend notre biologie de base. Très largement, cette structure correspond aux masses terrestres, mais à l'intérieur de ces groupes, il y a une énorme variation, et à la périphérie et à l'intérieur de ces groupes, il y a une continuité de la variation. De toutes les tentatives faites au cours des siècles pour placer les humains dans des races distinctes, aucune n'a réussi. La génétique refuse de se conformer à ces catégories artificielles et superficielles. La couleur de la peau, bien qu'elle soit la différence la plus évidente entre les personnes, est un très mauvais indicateur du degré total de similitude ou de différence entre les individus et entre les populations. Les différences raciales sont profondes.

Nous sommes maintenant à l'ère de l'ADN antique, où les génomes fragmentés de créatures mortes depuis longtemps peuvent être arrachés des dents, des os et même de la terre où elles sont mortes. Le premier grand titre de ce Nouveau Monde ancien a été la résurrection de l'Homo neanderthalensis — les Néandertaliens — quand, en 2009, un génome partiel d'un homme mort dans une grotte il y a 50 000 ans a été réassemblé. Depuis lors, des dizaines d'autres génomes humains morts ou éteints ont été reconstitués, et l'histoire de l'évolution humaine s'en est trouvée radicalement transformée. De nouveaux types d'humains ont été identifiés à partir d'ADN prélevé sur des os qui, en eux-mêmes, ne suffisaient pas à permettre une classification. Nous pouvons maintenant reconstituer des récits de notre passé commun qui, autrement, se perdraient dans le temps.

Souvent, les généticiens qui se posent ces questions sur l'ascension de l'humanité se concentrent sur la façon dont la séquence d'ADN elle-même change dans le temps et l'espace, et prêtent moins d'attention au phénotype qui aurait pu émerger du génotype — comme si nous étudiions des partitions de musique sans considérer à quoi elles ressemblent. Mais il est intéressant de réfléchir à ce qu'étaient ces peuples anciens. Nous sommes ici confrontés au problème permanent de la génétique humaine — qu'il n'est pas du tout facile d'extrapoler le phénotype à partir du génotype. Comme nous l'avons déjà mentionné, vous pouvez avoir deux copies d'un gène qui, selon nous, assure le roux, mais la plupart des personnes ayant ce génotype n'ont pas de mèches rousses. Nous sommes sur des bases plus solides lorsqu'il s'agit de choses liées à l'alimentation ; par exemple, les gènes qui se rapportent aux régimes alimentaires riches en graisses ont tendance à apparaître plus fréquemment chez les personnes dont le régime alimentaire comprend beaucoup de poisson ou de fruits de mer, comme les Inuits, et nous pouvons voir que ces traits ont été sélectionnés comme des adaptations locales. Nous pouvons voir les gènes qui permettent de boire du lait chez les Européens blancs et quelques groupes d'éleveurs de bétail laitier disséminés dans le monde entier.

Mais nous sommes très visuels dans notre réflexion, et nous aimerions tous savoir à quoi ressemblent ces gens. Les vieux os nous disent beaucoup de choses, et nous pouvons déduire des choses simples comme la taille et la stature grâce à une reconstruction minutieuse, et même des traits physiques beaucoup plus subtils, comme le fait de savoir si les gens étaient gauchers ou droitiers, en raison des os épaissis par l'usage et des ombres sur ces os d'une musculature plus lourde. Les Néandertaliens étaient robustes, avaient une grosse poitrine et étaient musclés. Certains chercheurs pensent que cette présence physique leur convenait peut-être pour courir en sprint et chasser en embuscade. Cela correspond à une vie dans les terres boisées, où l'on tend des pièges à ressort ou l'on plante des lances dans les mammouths, les moutons sauvages ou les sangliers. En effet, la génétique pourrait renforcer ce tableau — certaines recherches suggèrent qu'ils avaient plus de versions de gènes que nous associons aujourd'hui à l'énergie explosive plutôt qu'à l'endurance (bien que, comme nous le verrons dans la troisième partie, l'importance de ces gènes dans l'athlétisme suscite de nombreuses controverses). Il y a également un désaccord sur la valeur et la précision des reconstructions faciales, la question de savoir si elles ressemblent réellement à la personne dans la vie est fréquemment contestée, et pour autant que je sache, le test n'a pas été fait : une reconstruction d'une personne vivante basée sur un scan de son crâne.

En ce qui concerne la pigmentation, nous sommes dans des eaux encore plus troubles. Les gènes de la couleur des yeux sont nombreux, et si vous voulez savoir quelle était la couleur des yeux d'une personne décédée depuis longtemps, nous pouvons vous donner des probabilités, pas des réponses. J'ai les yeux marron foncé — je le sais parce que je possède un miroir ; si des extraterrestres devaient me déterrer dans 50 000 ans et extraire mon ADN, quelles sont les chances, en l'état actuel des connaissances, qu'ils obtiennent la bonne couleur de mes yeux ?

La peau est encore plus rugueuse. La pigmentation n'est pas un trait binaire, même si nous utilisons des termes binaires comme noir ou blanc. Nous découvrons de plus en plus que les gènes jouent des rôles multiples et ont de nombreuses interactions avec d'autres gènes dans des voies métaboliques complexes. La vision anthropologique traditionnelle est que les humains en Afrique avant la grande diaspora avaient la peau foncée pour s'adapter au soleil chaud. La peau plus claire a probablement évolué en réponse à des latitudes plus froides et plus nuageuses, comme décrit précédemment. Le point de vue génétique traditionnel est qu'il y a une poignée de gènes — peut-être quinze — qui expliquent la majorité des différences que nous voyons dans la pigmentation, ce qui suggère une architecture génétique relativement simple. Toutefois, cela va à l'encontre de certaines observations. Une particularité des gènes qui influencent la pigmentation est que si nous voyons la sélection naturelle en jeu dans le large balayage de la couleur de la peau aux différentes latitudes, elle ne tient pas compte des différences que nous voyons dans la pigmentation à la même latitude. Il n'est tout simplement pas vrai que tous ceux qui vivent sur l'équateur ont la même noirceur de peau. Il n'est pas vrai non plus que les Inuits, les Iñupiat, les Russes, les Finlandais, les Islandais et tous ceux qui vivent au nord du 66e parallèle ont des teintes de peau identiques. Il est évident et significatif que d'autres facteurs soient en jeu, à part la pigmentation par rapport à la lumière du soleil.

Nous pouvons voir l'effet d'allèles particuliers de gènes tels que SLC24A5 et OCA2 (et quelques autres) dans l'éclaircissement des peaux des populations européennes et asiatiques, et ces importantes adaptations ont dominé nos réflexions sur l'évolution de la pigmentation. Mais comme dans tant de domaines scientifiques, nous avons jusqu'à très récemment pratiquement ignoré le continent africain. Il y a plus de diversité génétique en Afrique que dans le reste du monde. Cela signifie qu'il y a beaucoup plus de points de différence génétique entre les Africains, qu'entre les Africains et n'importe qui d'autre dans le monde — deux San de différentes tribus d'Afrique australe seront plus différents l'un de l'autre dans leurs gènes qu'un Britannique, un Sri Lankais et un Māori. Et il y a aussi plus de diversité dans la pigmentation en Afrique que dans le reste du monde. Ce n'est que ces dernières années que les chercheurs ont commencé à étudier la génétique de la peau africaine, ce qui est quelque peu ironique étant donné que cinq siècles de racisme ont été presque entièrement basés sur elle.

L'image qui commence à se dessiner bouleverse vraiment les choses. En 2017, la généticienne Sarah Tishkoff a dirigé une équipe qui a prélevé l'ADN de plus de 1 500 personnes au Botswana, en Éthiopie et en Tanzanie, et a également évalué les niveaux de mélanine dans la peau de leurs avant-bras. En faisant cette comparaison, ils ont pu associer les différences génétiques aux teintes de la peau. La variante la plus courante était celle du gène SLC24A5. Cette variante est fortement associée à la peau claire, mais a été trouvée à des fréquences élevées chez les Éthiopiens et les Tanzaniens. Elle n'a évidemment pas l'effet éclaircissant chez ces personnes, mais semble être revenue en Afrique depuis l'Eurasie au cours des derniers millénaires, où elle est maintenant courante. D'autres variantes de gènes connus et de zones du génome non encore étudiées sont ressorties de cette étude, certaines associées à une peau plus claire et d'autres à une peau plus foncée. Cela reflète l'énorme complexité de la génétique de la pigmentation, mais le plus intéressant est que ces variantes semblent toutes avoir été présentes dans notre lignée génétique depuis des centaines de milliers d'années, c'est-à-dire avant l'évolution de l'Homo sapiens. Tupac a rappelé que plus la chair est sombre, plus les racines sont profondes. Hélas, ce n'est pas exact. L'idée selon laquelle nous avions la peau sombre ancestrale avant de nous diversifier en parcourant le globe est maintenant connue pour être incorrecte. Non seulement nous étions diversifiés dans la couleur de notre peau bien avant la dispersion à partir de l'Afrique, mais nous étions également diversifiés dans la couleur de notre peau avant d'être notre propre espèce.

Un autre récit contemporain de la complexité de la pigmentation et de l'histoire de l'humanité a été publié fin 2018. Les peuples khoisan ont une peau nettement plus claire que de nombreuses autres populations d'Afrique australe. Ils sont très distincts, à la fois génétiquement et en termes de couleur de peau, ce qui reflète peut-être un degré relatif de séparation culturelle depuis des milliers d'années. Mais aucune population n'est jamais complètement isolée ou statique. Bien que la résolution de la génomique en Afrique soit actuellement plus faible que dans d'autres régions du monde, nous savons qu'il y a eu un flux de gènes chez les ancêtres khoisans au cours des derniers millénaires. Ces gènes proviennent notamment de pasteurs, peut-être d'Éthiopie ou du Proche-Orient il y a 2 000 ans, par l'expansion de la culture bantoue au Moyen-Âge et, à l'ère moderne, par les Hollandais à partir des postes de traite du Cap. La généticienne Brenna Henn a travaillé en étroite collaboration avec les Khoisan pendant de nombreuses années, et a établi que leur peau plus claire est associée au gène SLC24A5. La version la plus courante chez le Khoisan est la même que chez les Européens, et les travaux de Henn montrent qu'il a été introduit par les migrations vers l'Afrique au cours des 2 000 dernières années. Le fait qu'il ait atteint une fréquence aussi élevée dans le Khoisan aussi rapidement est une preuve évidente de la sélection intense pour une peau plus claire, ce qui montre à la fois la diversité des couleurs de la peau en

Afrique et le récent mélange entre les personnes qui sont retournées en Afrique au cours des derniers millénaires.

La pigmentation est complexe. Elle n'est pas atypiquement complexe par rapport à d'autres traits humains, mais elle est visible et importante. Je ne veux pas donner l'impression que nous comprenons les complexités de la couleur de la peau, mais seulement que le tableau précédent est terriblement simpliste. Nous nous intéressons à juste titre à la manière dont, quand et pourquoi la couleur de la peau a changé au fil du temps, et les études pionnières de Sarah Tishkoff, Nina Jablonski et Brenna Henn, par exemple, contribuent à explorer les lacunes de nos connaissances, notamment en s'engageant auprès des populations africaines comme jamais auparavant.

Nous avons également accès à l'ADN des morts depuis longtemps et pouvons essayer de reconstituer des puzzles sur les caractéristiques raciales du passé. C'est catégoriquement plus difficile qu'avec les personnes vivantes pour deux raisons. La première, comme mentionnée précédemment, est que l'établissement du phénotype à partir des génotypes n'est jamais simple : nous ne pouvons pas mesurer la couleur de la peau d'une femme ou d'un homme et la comparer à l'ADN, car c'est tout ce qui reste. La deuxième raison est la rareté des échantillons. La génétique est une science comparative, enhardie par les génomes de plus en plus de personnes. Un génome est plein d'informations, mais deux sont beaucoup plus instructifs, et des milliers, c'est quand on a du bon jeu.

Mais ce sont eux qui sont à l'origine de la rupture. Nous travaillons avec ce que nous avons, et les questions sur les phénotypes les plus évidents de nos anciens ancêtres sont importantes, même si elles ne sont pas représentatives d'une quelconque catégorisation raciale présumée ou de l'histoire. En 2016, l'ADN d'un ancien Britannique a été séquencé et présenté au monde sous la forme d'un buste. Un buste de tête et d'épaules d'un homme au visage aimable, à la peau très sombre, aux cheveux noirs bien bouclés et aux yeux bleus. C'est une image frappante d'un Britannique bien avant que les Pictes, les Romains, les Vikings, les Angles ou les Saxons ne viennent déranger nos côtes. L'article scientifique qui a inspiré le modèle était beaucoup plus circonspect, décrivant la pigmentation de cet homme avec la retenue scientifique qui s'impose : « On prédit que l'homme Cheddar avait la peau foncée ou foncée à noire, les yeux bleus/verts et les cheveux brun foncé, peut-être noirs ». Les preuves ADN ont montré qu'il n'avait pas d'allèles de pigmentation associés à une peau claire. Dans la reconstitution, il est très fortement pigmenté, un teint de peau similaire à celui d'un Soudanais, ou encore d'un Sri Lankais. Lorsque ces images ont fait la une des journaux, les racistes du monde entier ont perdu leur marbre collectif avec une fureur splénique. Le fait qu'il y ait eu des gens à la peau foncée en Europe il y a 10 000 ans n'est pas du tout controversé, aussi les objections à la simple présence d'un Cheddar Man à la peau foncée en Grande-Bretagne ne sont-elles pas très préoccupantes : la diversité de la pigmentation en Europe est un fait de la préhistoire. Mais l'obscurité profonde de sa peau était un choix de l'artiste, et certains généticiens s'en sont plaints.

Sur la base de multiples gènes de pigmentation, nous pensons que les Néandertaliens avaient une peau modérément claire, tout comme les ancêtres communs de l'Homo neanderthalensis et de l'Homo sapiens il y a un demi-million d'années ou plus. Certains des génomes des Néandertaliens indiquent qu'ils avaient une version de MC1R différente de celles observées chez les êtres vivants. La presse a commencé à spéculer sur le fait qu'ils étaient roux, et dans les musées du monde entier, vous verrez des mannequins de Néandertal vaguement roux. Ces variantes de MC1R n'ont jamais été vues auparavant, et les tentatives biochimiques pour les amener à produire un véritable pigment dans une boîte de Petri n'ont pas été concluantes. La pigmentation que nous voyons dans les reconstitutions de Néandertaliens à la télévision et dans les musées est spéculative.

La vérité est qu'il est très difficile d'y voir clair. La pigmentation change au cours de la vie, intrinsèquement — les bébés ne sont pas de la même couleur que leurs versions adultes — et extrinsèquement via l'exposition au soleil. Certaines variantes génétiques prédisposent la pigmentation des enfants à changer au cours de leur vie. Je comprends la nécessité pour les gens de voir à quoi ressemblaient nos ancêtres ; il est important d'humaniser les peuples préhistoriques, en particulier les Néandertaliens, qui, loin des brutes de la tradition commune, étaient sophistiqués, cultivés, artistiques et largement identiques à nous en termes de modernité comportementale. Et avec cela vient le premier indice, qui est la couleur de la peau.

Nous devons être prudents. Brenna Henn a déclaré lors d'une réunion de généticiens et d'anthropologues en 2017 : « Arrêtez de dire que vous pouvez prédire la couleur de la peau à partir de l'ADN antique ; vous ne pouvez pas. Ce message est pertinent pour les scientifiques qui essaient de comprendre l'apparence de nos ancêtres profonds, mais il est encore plus significatif lorsque des échantillons d'ADN médico-légal sont utilisés pour prédire la couleur de la peau des criminels. La science la plus récente, qui recueille des gènes à partir des plus grands échantillons de personnes les plus diverses, montre clairement que l'ADN est un prédicteur de la couleur de la peau d'une complexité déconcertante.

Ce que nous commençons à constater, c'est que notre histoire évolutive profonde a été beaucoup moins linéaire, avec beaucoup plus de méandres et de variations, que nous ne le pensions auparavant. Comme toujours en biologie, nos tentatives d'insuffler à l'histoire humaine un récit simple et compréhensible ont été contrecarrées par le désordre, le bruit et l'indiscipline inhérents à notre propre évolution, combinés à des échelles de temps et des schémas de migration presque insondables. Nous savons maintenant que la pigmentation est un spectre diversifié et qu'il en est ainsi depuis des centaines de milliers d'années.

Ce que nous pouvons également dire avec un arsenal de munitions scientifiques, c'est que bien que la couleur de la peau soit la première et la plus évidente façon dont nous voyons les humains, c'est une voie superficielle pour comprendre les variations humaines, et une très mauvaise façon de classer les gens. Notre vision de la réalité, si profondément limitée, a été cooptée en un mensonge politique délibéré. Nous disons « noir » quand nous voulons dire « récemment descendu d'un continent qui a plus de diversité génétique et de diversité de pigmentation que n'importe où ailleurs sur Terre ».

Ce que nous voyons avec nos yeux est la plus petite fraction d'un être humain. La métaphore de l'arbre est la façon dont nous avons tendance à penser à l'évolution, avec son tronc et ses branches, se divisant en branches uniques et discrètes, jusqu'à ce qu'elle arrive au rameau de l'humanité. Mais le pouvoir explicatif d'un arbre pour comprendre de vastes pans du comportement humain et notre trajectoire évolutive est sérieusement limité. Comparer l'évolution humaine à un arbre ne fonctionne que si nous parlons d'arbres qui ont été cultivés par nous : étêtés pour nourrir une nouvelle croissance ; espalier — cajolé le long d'autres voies migratoires ; et plissé — forcé de s'entrelacer avec d'autres branches. Que nous ne soyons pas le produit d'un arbre, mais d'un enchevêtrement de branches n'est peut-être pas évident. Mais c'est pourquoi nous avons inventé la science : pour nous libérer des entraves de la perception, pour voir les choses — y compris les gens — telles qu'elles sont réellement.

Deuxième Partie : VOS ANCÊTRES SONT MES ANCÊTRES

La famille et les ancêtres sont les liens qui nous lient à notre passé. Nos proches parents fournissent le contexte de notre vie : naissance, mariage, décès, ou toute autre variante de cette trajectoire. Vous partagez la moitié de votre ADN avec chaque parent et une moitié différente avec chaque frère et sœur (sauf si vous êtes un jumeau identique, auquel cas ce partage est proche de 100 %). Ces chiffres expliquent en grande partie pourquoi vous ressemblez davantage à votre famille qu'à des étrangers choisis au hasard, et pourquoi vous vous comportez de manière comparable (un environnement commun explique le reste).

Votre arbre généalogique est un nœud infiniment petit dans l'arbre global de toute vie, aussi tortueux et peu réaliste qu'il soit. L'évolution est aussi un journal de bord des parents et des enfants, et de la façon dont ils diffèrent au fil des océans. Entre ces deux niveaux d'échelle se trouve la généalogie.

L'appartenance ancestrale et la généalogie sont des choses qui nous fascinent tous, mais surtout les racistes : la généalogie est probablement le deuxième passe-temps le plus populaire au Royaume-Uni (après le jardinage), et le premier aux États-Unis. Nombre des arguments avancés par les racistes sont centrés sur l'appartenance à des groupes démographiques spécifiques, l'appartenance à d'autres groupes et le déplacement de personnes. De nombreux non-racistes s'intéressent également à l'immigration à l'ère moderne, mais peu d'entre eux expriment le sentiment qu'un peuple est remplacé ou qu'une culture est en quelque sorte affaiblie. On ne sait jamais clairement ce qui est menacé lorsque, par exemple, les tenants de la suprématie blanche expriment leur crainte de la disparition de la culture occidentale. Je ne sais pas ce qu'est la culture occidentale, car il est très clair pour moi que ma culture n'est pas la même que celle des autres personnes de ma rue, de mon code postal, de ma ville, de mon pays ou de mon continent.

Néanmoins, la fin imaginée de ce concept flou de la culture occidentale est une source permanente d'anxiété pour les tenants de la suprématie blanche. Ils fantasment sur une persécution de leur peuple qui aboutira à leur extinction ou à une érosion de leurs droits en échange des mêmes droits accordés aux personnes d'héritage différent. Quand on n'a connu que des privilèges, l'égalité est ressentie comme une oppression. Les nationalistes blancs qui ont défilé à Charlottesville, en Virginie, en 2017, se sont sentis obligés de marcher en portant des torches tiki (une technologie polynésienne) en scandant "Les Juifs ne nous remplaceront pas! Le jour suivant, au milieu des troubles civils et de la violence entre les différentes factions de racistes et de manifestants antiracistes, Heather Heyer, 32 ans, a été assassinée par un partisan de la suprématie blanche. Son assassin purge actuellement une peine de 400 ans de prison.

La logique des disputes sur qui a le droit d'être dans une région géographique est souvent absente ou au moins ahistorique, car aucun peuple n'est jamais statique sur de longues périodes, et aucun pouvoir, aucune culture ou nation n'a jamais été quelque chose de presque permanent. Néanmoins, notre sens de la famille et de l'ascendance est puissant, même s'il est douloureusement restreint. Pour la plupart des gens autres que la royauté, nos arbres généalogiques s'épuisent au-delà de quelques générations. Le passé est brouillé par la rareté des archives, par les mythes et les traditions.

Mais plus que tout, notre perception de nos propres ancêtres est paralysée par l'incapacité à reconnaître un simple fait biologique : tous les humains ont eu deux parents. Lorsque nous regardons nos pedigrees de haut, nous pouvons au mieux identifier une, deux ou quelques lignées dans le passé. À chaque branche de chaque arbre généalogique, nous choisissons celle qui porte des fruits ou nous nous arrêtons. Nous nous concentrons sur les personnes notables, célèbres ou infâmes dans nos canopées généalogiques, ce qui est compréhensible, car la plupart des gens passent à travers l'histoire comme des ombres et de la poussière, ayant vécu des vies normales qui ne laissent que peu ou pas de traces, et toute notoriété ou renommée mérite d'être reconnue. Mais ce faisant, nous ignorons la grande majorité de nos ancêtres qui ont vécu des vies qui ont disparu de l'histoire.

Dans l'étude de la génétique, nous supposons un temps de génération de vingt-cinq à trente ans, et à chaque génération dans le temps, le nombre d'ancêtres que vous avez double. Cela signifie que sur une période de 500 ans, vous avez 1 048 576 ancêtres. Il y a mille ans, vous en aviez 1 099 511 627 776, soit plus d'un trillion. Ce paradoxe apparent révèle à quel point nous avons une vision erronée de nos ancêtres. Le nombre d'ancêtres de chacun d'entre nous augmente à mesure que nous remontons dans le passé, mais le nombre d'humains vivant aujourd'hui est plus élevé qu'à n'importe quelle autre époque.

Les deux affirmations doivent être vraies, même si elles semblent contradictoires. Mais la réponse à cette énigme est évidente : nos arbres généalogiques se regroupent et s'effondrent sur eux-mêmes au fur et à mesure que nous remontons dans le temps. Vous devez certainement avoir un trillion de positions dans votre arbre généalogique, mais plus vous remontez dans le temps, plus il est fréquent que ces positions soient occupées plusieurs fois par les mêmes individus. Les arbres généalogiques s'assemblent à une vitesse étonnante. Les derniers ancêtres communs de tous les peuples ayant des ancêtres européens de longue date ne vivaient qu'il y a 600 ans — ce qui signifie que si nous pouvions dessiner un arbre généalogique complet parfait pour tous les Européens, au moins une branche de chaque arbre passerait par une seule personne qui vivait vers 1400 de notre ère. Cette personne apparaîtrait sur tous nos arbres généalogiques, comme tous ses ancêtres. Le fait que plusieurs postes soient occupés par la même personne indique que la notion d'arbre n'est pas, là encore, la métaphore la plus exacte pour décrire la généalogie : les arbres ne comportent que des branches, mais les arbres généalogiques contiennent des boucles. Votre propre pedigree s'élève de vous comme un arbre, mais tôt ou tard, deux de ces branches vont se heurter chez une personne dont vous descendez deux fois. Ces personnes se trouvent au sommet des boucles généalogiques.

En remontant quelques siècles plus loin, on arrive à une certitude mathématique appelée isopoint génétique. C'est le moment de l'histoire où la population entière est l'ancêtre de toute la population contemporaine actuelle. Pour les peuples d'Europe, l'isopoint se situe au Xe siècle. En d'autres termes, si vous étiez vivant au dixième siècle en Europe, et que vous avez des descendants européens vivants aujourd'hui, alors vous êtes l'ancêtre de tous les Européens vivants aujourd'hui (nous estimons que jusqu'à 80 % de la population de l'Europe du dixième siècle a des descendants vivants). Une autre façon de voir les choses est la suivante : une branche d'un arbre généalogique de deux cousins germains se croise chez un grand-parent commun ; une branche de tous les arbres généalogiques européens se croise chez un individu en 1400 de notre ère ; à l'isopoint, toutes les branches de tous les arbres généalogiques se croisent chez tous les individus de cette population.

Aussi plausible que cela puisse paraître, ou aussi contraire à notre propre expérience des familles et des arbres généalogiques, il est vrai que l'isopoint est une certitude mathématique et génétique. Il est probable que la proportion des ancêtres d'une personne à l'isopoint ne soit pas répartie de manière égale dans le monde : une femme ou un homme chinois aura beaucoup moins d'ancêtres d'Afrique australe que d'Asie orientale, et vice versa. Mais ils en auront quelques-uns, et chacun de ces ancêtres a une relation égale avec ses descendants vivants, quel que soit l'endroit de la Terre où il a vécu et est mort.

Nous pensons que certaines régions, terres ou personnes sont isolées physiquement ou culturellement, et ces frontières sont insurmontables. Mais ce n'est pas ce que nous dit l'histoire ou la génétique. Aucune nation n'est statique, aucun peuple n'est pur. L'isopoint mondial aurait peut-être été beaucoup plus précoce s'il n'y avait pas eu l'expansion des Européens. Les premiers peuples des Amériques étaient isolés sur ce continent depuis environ 20 000 ans, lorsqu'ils avaient traversé la Sibérie sur une terre sèche exposée à une période glaciaire qui avait aspiré l'eau de ses glaciers et fait baisser les mers. Mais lorsque le dégel est arrivé, les populations qui s'étaient installées dans ce qui est aujourd'hui l'Alaska ont été coupées du reste du monde pendant plus de 15 000 ans.

Il y a eu une poignée de migrations en provenance d'Asie au cours des 4 500 dernières années, y compris par les ancêtres des Inuits d'aujourd'hui. Il y a mille ans, les Vikings, sous la direction de l'Islandais Leif Ericson, ont fait un bref séjour de trois ans sur le continent américain, dans des endroits aujourd'hui connus sous le nom de Labrador, île de Baffin et Terre-Neuve au Canada, mais n'ont laissé aucun héritage durable ni trace génétique — après une dispute à propos d'un taureau, ces féroces guerriers ont été chassés par le peuple indigène qu'ils appelaient Skraeling. Mais lorsque Christophe Colomb et ses hommes envahirent les Caraïbes en 1492, le viol des femmes indigènes Taino commença immédiatement, et l'ascendance européenne fut introduite dans les peuples des Amériques. En quelques générations seulement, ce mélange a percolé dans toutes les directions, et ces signatures génétiques se retrouvent dans le nord et le sud des États-Unis, quel que soit l'isolement que l'on puisse imaginer pour ces tribus.

Ces idées sur le fonctionnement réel des arbres généalogiques et des ancêtres se moquent purement et simplement du concept de pureté raciale. Il est vrai que pour beaucoup de gens, une grande partie de leurs ancêtres seront originaires d'une même région sur une période de plusieurs décennies ou même de quelques siècles. Malgré le concept de l'isopoint, nous ne nous accouplons pas au hasard dans un brassage complet distribué à l'échelle mondiale. Le moindre mouvement de personnes modifie nos arbres généalogiques, introduisant de nouvelles personnes et de nouvelles lignées, et les arbres sont loin d'être arboricoles et beaucoup plus emmêlés.

Les gens se sont déplacés dans le monde entier au cours de l'histoire et ont eu des relations sexuelles partout et à tout moment. Parfois, ce sont de grands déplacements en peu de temps. Le plus souvent, les gens sont en grande partie statiques sur quelques générations, et cela peut donner l'impression d'un ancrage géographique et culturel. Néanmoins, chaque nazi a des ancêtres juifs. Tout suprémaciste blanc a des ancêtres au Moyen-Orient. Chaque raciste a des ancêtres africains, indiens, chinois, amérindiens, aborigènes australiens, ainsi que tous les autres, et pas seulement dans le sens où l'humanité est une espèce africaine dans la préhistoire profonde, mais au minimum depuis l'époque classique, et probablement beaucoup plus récemment. La pureté raciale est un pur fantasme. Pour les humains, il n'y a pas de sang pur, seulement des bâtards enrichis par le sang des multitudes.

L'ADN nous permet aujourd'hui de dégager certains fils de l'ascendance profonde, ce qui nous aide à comprendre les grandes lignes des migrations humaines et, dans une moindre mesure, mais toujours aussi passionnante, les mouvements plus étroits et plus petits des personnes dans l'histoire. Nous pouvons voir ces modèles dans la génétique des personnes vivantes, et si les histoires des premiers Européens s'installent maintenant dans des récits solides, pour une grande partie du monde, il reste encore beaucoup à découvrir.

Comme nous l'avons vu dans la première partie, l'Afrique n'est pas encore bien représentée en termes de compréhension de l'histoire génétique de son peuple. Nous avons vu qu'il y a beaucoup plus de diversité génétique en Afrique que dans le reste du monde réuni, ce qui signifie que les gens d'Afrique sont en moyenne plus différents les uns des autres que n'importe qui d'autre sur Terre ne l'est. Cela reflète le fait que la population « Out of Africa » est peu nombreuse et n'est donc pas représentative du peuple d'où elle vient. Seule une petite proportion de personnes a quitté l'Afrique pour devenir le réservoir dans lequel le reste du monde serait puisé.

Une population beaucoup plus importante ne l'a pas fait. L'Afrique est un immense continent, et pendant 70 000 ans, les gens ont migré et échangé des gènes dans toutes les directions au sein de ce continent pendant tout ce temps. Comme je l'ai déjà mentionné, il y a eu également un certain retour en arrière en Europe et au Moyen-Orient, où, au cours des derniers milliers d'années, les gens sont retournés en Afrique et ont répandu une partie de leurs gènes dans les génomes africains.

En conséquence, la génomique africaine est un domaine complexe, qui n'a pas été étudié de manière aussi détaillée que l'ADN européen. Nous commençons à peine à démêler les mouvements des personnes en Afrique, des tribus aux villes-États, à l'intérieur des pays et entre eux. Le pouvoir de la génétique en tant que source historique commence seulement à être appliqué dans le berceau de l'humanité, et certaines des histoires qu'elle raconte sont inspirantes. Le royaume des Kuba était un territoire situé dans ce qui est aujourd'hui la République démocratique du Congo, et bien que les Kuba aient existé dans et autour de cette région depuis le XVIe siècle, il y a eu une période de croissance et de prospérité spectaculaire qui s'est produite indépendamment et avant la colonisation belge. Cette croissance, selon les histoires orales, a été facilitée par un roi charismatique appelé Shyaam, qui a uni les tribus locales, qui a migré vers ce qui est devenu une ville-État centralisée, avec de nombreuses caractéristiques des systèmes politiques modernes qui étaient largement absents à cette époque : une capitale, une constitution orale, un système juridique à plusieurs niveaux, un procès avec jury, des impôts et une force de police. Après la colonisation, le royaume a été affaibli, mais il existe toujours au sein de la République démocratique du Congo, et beaucoup de gens s'identifient comme Kuba. Comme il est maintenant possible de le faire, l'histoire des Kuba peut être testée par l'ADN, et c'est exactement ce que Lucy van Dorp, de l'University College London, a dirigé une équipe qui l'a fait. En prélevant l'ADN de 101 personnes d'ascendance Kuba et en le comparant à celui de plusieurs centaines de personnes d'autres populations locales, ils ont montré que les Kuba avaient un mélange d'ADN beaucoup plus important dans toute la région, ce qui indique que la légende sur la fusion de groupes divers et disparates par l'immigration et l'intégration est effectivement vraie.

Une grande partie de la discussion dans ce livre concerne le mauvais alignement de la génétique avec la race du point de vue du racisme des colonisateurs européens sur le reste du monde. Le racisme à base pseudo-scientifique n'est pas propre aux Européens qui soumettent les autres. Il convient de noter qu'il y a beaucoup de racisme en Afrique, et dans le monde entier, qui est également impossible à justifier d'un point de vue biologique.

En 1990, pendant la guerre civile rwandaise, la population connue sous le nom de Tutsi a été massacrée par le peuple hutu insurgé. Les estimations varient, mais certaines suggèrent de manière plausible que jusqu'à un million de personnes ont été assassinées, soit environ 70 % de la population tutsie, peut-être 10 % de la population rwandaise totale — une décimation littérale en 100 jours.

Il s'agissait d'une guerre raciale. L'animosité et le génocide qui s'en est suivi étaient en grande partie basés sur la croyance que les Tutsis et les Hutus sont génétiquement distincts, et la genèse de cette croyance est directement tirée du régime colonial. Pendant les années d'occupation allemande au XIXe siècle, les relations tribales sont restées largement positives, de sorte que les colonisateurs ont pu utiliser l'industrie locale pour maximiser leur extraction de cultures et de marchandises de valeur. Les colonisateurs allemands pensaient que les Tutsis étaient supérieurs aux Hutus, et que cela était peut-être dû à l'ascendance hamite, c'est-à-dire une race et un groupe linguistique caucasien inventé au début du XIXe siècle et censé être issu des populations du Moyen-Orient. L'origine du terme est qu'il s'agit d'un peuple descendant de Ham, le fils de Noé, qui était « maudit de noirceur » selon un passage du Talmud. Cette ascendance, pensaient les colonisateurs, signifiait que les Tutsis étaient supérieurs aux autres africains.

Lorsque la Belgique a pris le pouvoir au début du XXe siècle, ils ont semé et cultivé des graines de discorde raciale. Adoptant une pseudoscience racialisée dérivée du mouvement eugénique contemporain, les fonctionnaires belges ont affirmé que les Tutsis avaient un cerveau plus gros et une peau plus claire, une fréquence plus élevée de buveurs de lait, et ont conclu qu'ils avaient une ascendance européenne, et comme les Allemands avant eux, ont affirmé qu'ils étaient donc supérieurs aux Hutus et aux autres groupes ethniques.

Les cartes d'identification ethniques ont été introduites en 1933, la racialisation de ces deux groupes a été formalisée et, surtout, adoptée par les Tutsis et les Hutus. Les conflits entre eux ont été continus au cours du XXe siècle et, avec le départ des colonisateurs belges à la fin des années 1950, la monarchie tutsie a été remplacée lors d'une violente révolution hutue.

Le tristement célèbre génocide qui a débuté en 1994 pendant la guerre civile rwandaise a été initié par le gouvernement hutu ; des centaines de milliers de personnes ont été assassinées et les viols ont été commis à l'aide d'armes à l'échelle industrielle. Ces décennies de conflit, de meurtres et de génocide ont été fondées sur des prétentions de distinction raciale et de pureté, toutes fondées sur la pseudoscience. Les bases anthropologiques, anthropométriques et phrénologiques de ces revendications étaient toutes fausses, et dérivaient de siècles de racisme scientifique européen transmis à des groupes qui sont devenus des rivaux hostiles.

La génétique du peuple rwandais est complexe, comme c'est le cas dans une grande partie de l'Afrique, et bien qu'il y ait certaines dissemblances génétiques mesurables qui indiquent que les populations ont eu des voies ancestrales différentes, elles se chevauchent énormément. Les pratiques sociales et culturelles peuvent être différentes — les Tutsis étaient traditionnellement plus pastoraux, ce qui peut expliquer la persistance de la lactase et donc la consommation de lait — mais cela ne constitue pas une base solide pour le nettoyage ethnique et le génocide. Dans la plupart des cas, les Tutsis et les Hutus se sont beaucoup mélangés, et comme dans de nombreuses guerres civiles, la différence biologique était négligeable. La plus sinistre des ironies se dégage de cette histoire horrifiante : jusqu'à 10 000 bébés de guerre sont nés à la suite de la perpétration de viols comme arme de guerre. Ces enfants portent les gènes des Hutus et des Tutsis. Le résultat n'a pas été une purification ethnique, mais un mélange ethnique.

Une version légèrement différente, mais non moins pernicieuse, de la pureté raciale se fixe sur le déplacement des personnes. En Grande-Bretagne, alors que l'angoisse contemporaine est liée à l'arrivée de migrants et de réfugiés dans ces îles, les personnes d'extrême droite expriment depuis longtemps leur colère sous la forme d'épithètes telles que « l'Angleterre pour les Anglais », ou certains avancent un argument fondé sur la protection de la citoyenneté pour les Britanniques autochtones. En juillet 2019, le président Trump a suggéré que quatre élues au Congrès américain « venaient de pays dont les gouvernements sont une catastrophe complète et totale » et que si cela ne leur plaisait pas aux États-Unis, elles devraient y retourner. Trois d'entre elles sont nées aux États-Unis et une, Ihlan Omar, est une citoyenne américaine née en Somalie. Les grands-parents paternels de Donald Trump étaient des immigrants allemands aux États-Unis, et sa mère est née en Écosse, sa première femme en Moravie, sa troisième en Slovénie. On ne sait jamais exactement à quel moment se situe le critère d'indigénéité communément considéré.

La Grande-Bretagne a été envahie de manière constante et continue tout au long de son histoire, et est devenue le foyer de migrants depuis qu'elle est devenue une île il y a environ 7 500 ans. En 1066, les Français sont venus et ont lancé une prise de contrôle hostile avec une flèche dans l'œil du roi. Avant cela, les Vikings l'avaient envahie, de manière agressive, et avant cela, il y avait eu un mouvement continu de personnes venant du continent, des Angles, des Saxons, des Huns, des Alans et des dizaines d'autres petites tribus et clans. Avant cela, les Romains régnaient, au moins jusqu'au mur d'Hadrien au nord, mais de nombreux conscrits de l'armée romaine n'étaient pas de Rome, mais de tout ce vaste empire intercontinental et au-delà, et leurs rangs comprenaient des Gaulois, des Méditerranéens et des Africains subsahariens.

Il y a environ 4 500 ans, la Grande-Bretagne était peuplée principalement de fermiers dont les populations avaient migré d'Europe, par le Doggerland, ce terrain continu qui est maintenant la mer du Nord entre l'East Anglia et les Pays-Bas. Ces immigrants étaient les personnes qui ont construit des curiosités mégalithiques comme Stonehenge. Sur la base de preuves ADN, nous pensons qu'ils pouvaient avoir la peau foncée comme les Méditerranéens du Sud d'aujourd'hui, avec des cheveux foncés et des yeux marrons. En Europe continentale, une nouvelle culture émergeait, qui s'est largement répandue en peu de temps. Nous appelons les personnes qui l'ont exposée les « Gobelets », d'après les jarres de poterie de forme caractéristique que l'on trouve dans les sépultures et autres sites de cette époque. Nous ne savons pas s'il y a eu une origine centrale de ce type de culture matérielle, mais bientôt, elle s'est répandue dans toute l'Europe. La culture et les gens qui l'ont accompagnée sont arrivés en Grande-Bretagne il y a environ 4 400 ans et, selon l'ADN prélevé sur les os de ces terres, en quelques siècles, ils avaient remplacé la quasi-totalité de la population, soit un renouvellement de l'identité génétique supérieur à 90 %. Leur domination n'a pas duré longtemps. Nous ne savons pas comment ni pourquoi, que ce soit par la violence, la maladie ou autre chose, mais après quelques siècles seulement, ils avaient tous disparu, et les agriculteurs ibériques, avec leurs poteries en forme de cloche et leurs urnes cinéraires caractéristiques, étaient devenus britanniques.

Avant les gens qui ont construit Stonehenge, il y en avait d'autres, des chasseurs-cueilleurs, qui étaient là depuis quelques milliers d'années, et avaient la peau plus foncée. Cheddar Man, qui est mort il y a 10 000 ans, était l'un d'entre eux. Et avant eux, eh bien, ça devient un peu flou. Dans la paroisse de Boxgrove dans le Sussex, nous avons des os d'une autre espèce d'humain, probablement Homo heidelbergensis. C'était une femme ou un homme de grande taille, il y a environ un demi-million d'années, qui chassait les rhinocéros et les ours dont les os se trouvent également à proximité. Mais la première preuve de l'existence d'un peuple britannique se trouve sur la côte de Happisburgh (prononcée Haze-bruh), dans le Norfolk, où des empreintes de neuf pieds de taille ont été gravées dans de la pierre tendre il y a 900 000 ans et n'ont été révélées qu'à marée basse.

Les seuls véritables indigènes britanniques occupaient ces terres il y a près d'un million d'années, et nous ne savons pas exactement de quelle espèce il s'agissait. Alors, quand les racistes disent que la Grande-Bretagne est pour les Britanniques, ou quand ils parlent des indigènes, je ne sais pas de qui ils parlent, ni plus précisément quand ils le font. Je pense qu'ils ne le savent pas non plus.

L'histoire géologique et l'histoire de l'humanité ne font guère attention à la fugacité des frontières et des gouvernements. En Grande-Bretagne, nous respectons l'État de droit, et notre passé colonial signifie que l'évolution de la citoyenneté est compliquée par une histoire d'empire. Mais si vous êtes un citoyen britannique, vous avez droit à un passeport britannique, ce qui vous rend légalement, techniquement et réellement britannique. C'est un fait non négociable. La présentation d'arguments basés sur qui sont de « vrais Britanniques » ou les « peuples indigènes de Grande-Bretagne » est un écran de fumée ahistorique et non scientifique pour cacher le racisme.

Mais tous les pays ne sont pas les mêmes. Le concept de « premier peuple » n'est pas simple, car partout où il y a des habitants sur Terre, il y a des gens depuis près de mille ans, la Nouvelle-Zélande étant la dernière masse terrestre importante que l'homme ait atteinte. Dans un sens légitime, les Māori sont un peuple indigène, car ils ont été les premiers humains à mettre le pied sur Aotearoa, comme ils appellent ces îles. Lorsqu'ils sont arrivés au XIe ou XIIe siècle, la Grande-Bretagne avait été envahie agressivement pour la dernière fois. Les Vikings ont été les premiers hommes à mettre le pied en Islande (à l'exception peut-être d'un ou deux moines irlandais - bien que, étant pieux et chastes, ils n'aient laissé aucun descendant). Les Vikings étaient des hommes norvégiens et danois, qui avaient ramassé des femmes écossaises, féroïennes et irlandaises lors de leur voyage vers l'ouest. Les premiers peuples des Amériques sont arrivés il y a environ 20 000 ans sur des terres qui n'avaient pas accueilli d'humains jusqu'alors, comme nous l'avons découvert. Ces indigènes étaient-ils une race pure au moment de l'invasion de Christophe Colomb ? Non, car ils ont passé plus de 20 000 ans à migrer au sein d'un continent qui s'étend sur presque toute la longitude de la Terre.

Il y a un autre point de confusion en ce qui concerne l'ADN. La biologie fondamentale nous dit que nous héritons de la moitié de notre génome de nos mères et de l'autre moitié de nos pères. C'est une vérité universellement reconnue pour tous les humains à travers le temps : un nouveau génome entier est forgé à la conception d'un enfant. Mais le processus de brassage génétique qui se produit lors de la formation du sperme et de l'ovule garantit que chacune de ces deux cellules est unique et porte une moitié de génome unique (une moitié unique est donc perdue dans les générations suivantes, si ce sperme ou cet ovule réussit). Cela signifie que ce n'est pas la même moitié qui est transférée à chaque génération. Au fil des générations, les descendants commencent à perdre l'ADN de leurs véritables ancêtres. La quantité qui disparaît est cumulativement énorme : vous transportez l'ADN de seulement la moitié de vos ancêtres onze générations en arrière. La généalogie et la généalogie génétique ne sont pas parfaitement assorties, et s'écartent progressivement au fur et à mesure que l'on remonte dans le temps. Il est donc possible que vous soyez génétiquement sans lien de parenté avec des personnes dont vous descendez en fait pas plus tard qu'au milieu du XVIIIe siècle. C'est un point qui mine encore plus l'appropriation de la génétique comme moyen d'affirmer l'appartenance à une tribu, une race ou une autre identité.

Aux États-Unis, le problème est encore plus complexe, comme on peut s'y attendre dans un pays au passé si récent et si particulier. Environ un huitième de la population est noir, descendant de personnes asservies en grande partie d'Afrique de l'Ouest, et le lieu de naissance ou la citoyenneté réelle de leurs ancêtres est presque toujours totalement inconnu. Les peuples indigènes des Amériques, en particulier les Amérindiens, représentent environ 2 % de la population totale des États-Unis. Indépendamment des lois actuelles interdisant les pratiques racistes et des niveaux actuels de racisme dans la population, les deux groupes ont été soumis à des politiques racistes récentes, sanctionnées par le gouvernement, les révolutions des droits civils n'ayant eu lieu que dans les années 1960 et la stérilisation forcée des Amérindiens n'ayant eu lieu que dans les années 1970.

Nous avons déjà évoqué la complexité de la structure génétique des personnes originaires du continent africain. En partant de cette base, le mouvement des personnes vers les Amériques à l'époque de la traite des esclaves dans l'Atlantique complique encore les choses. Les estimations varient, mais les historiens considèrent généralement qu'entre le XVIe et le XIXe siècle, quelque 12 millions de personnes ont été enlevées des pays côtiers, dont le Sénégal, la Sierra Leone, l'Angola et le Congo, et amenées aux Amériques, au nord et au sud. Ce livre n'est pas une histoire de l'esclavage, mais il y a quelques points pertinents à faire valoir en ce qui concerne la tentative de comprendre ses ancêtres par le biais de tests génétiques. Les premiers Africains sous contrat sont arrivés dans les colonies anglaises de Jamestown, il y a 400 ans, bien que les Africains aient été présents dans les Caraïbes et en Amérique du Nord pendant un siècle de plus. L'esclavage a été institué de manière incohérente à partir du XVIIe siècle en vertu du droit colonial, notamment du principe du partus sequiter ventrem, qui signifie qu'un enfant né dans les colonies anglaises hérite du statut juridique de sa mère — une fille ou un fils d'une femme esclave naît lui-même esclave. Cette loi a été en partie fondée en réponse à l'affaire cruciale d'Elizabeth Key en 1656. Elle était la fille d'une femme africaine et d'un Anglais, et est inscrite dans les registres du tribunal sous le nom de « molleto » (plus connu sous le nom de mulatto, qui signifie métisse). Elizabeth Key a obtenu gain de cause pour obtenir sa liberté et celle de son fils John, au motif qu'elle avait été baptisée chrétienne (elle n'était pas autorisée à rester en esclavage permanent) et qu'à l'époque, le statut de l'enfant était déterminé par celui du père, en l'occurrence son mari et avocat anglais William Grinstead. Key s'est remarié après sa mort et John était un homme libre. En tant que personne d'importance historique, leurs descendants sont bien documentés : beaucoup portent les noms de famille Grinstead, Grimsted ou Greenstead, et parmi eux se trouve l'acteur Johnny Depp.

La loi du partus a été introduite en 1662 par l'Assemblée générale de Virginie pour excuser la responsabilité paternelle des enfants qu'ils ont engendrés avec des femmes esclaves, un concept connu sous le nom d'hypodescence, où le statut social des enfants d'ascendance mixte est attribué par le groupe dominant au groupe subordonné. Les hommes qui ont des enfants avec des femmes esclaves étaient monnaie courante, et le cas le plus célèbre de l'époque postrévolutionnaire est celui du président Thomas Jefferson, qui aurait eu six enfants avec Sally Hemmings, elle-même fille d'un partenariat entre un Afro-Américain et un Anglais. Selon la loi de Virginie, les enfants de Jefferson étaient légalement blancs en raison de la proportion de leur ascendance anglaise par arbre généalogique, mais nés esclaves en raison du partus. Nombre de leurs descendants sont également connus aujourd'hui.

Bien que l'importation d'esclaves meubles ait été officiellement interdite aux États-Unis en 1808, le commerce d'esclaves lui-même a continué en Amérique jusqu'à ce que le président Lincoln signe le décret connu sous le nom de Proclamation d'émancipation 55 ans plus tard, et que 3,5 millions d'Américains réduits en esclavage soient libérés.

Cette description très superficielle de la vie américaine pendant quatre siècles a de profondes implications pour la compréhension de l'ascendance au sein des États-Unis aujourd'hui. La population américaine à la fin de la traite des esclaves dans l'Atlantique était d'environ sept millions d'habitants, et de 23 millions à la fin de l'esclavage. L'immigration s'est accélérée au cours du siècle suivant, et la population s'est étendue aux 325 millions d'Américains d'aujourd'hui, dont certains viennent d'Afrique, mais la majorité des pays européens. Aujourd'hui, la population afro-américaine des États-Unis est d'environ 42 millions de personnes. Si l'on considère qu'il y a eu un métissage continu au sein des peuples esclaves, et entre les esclaves et leurs propriétaires, et avec la même application des règles générales sur le temps de génération chez les humains, il est pratiquement inconcevable qu'un test génétique puisse établir un pays d'origine africain à partir de l'esclavage transatlantique. Comme partout sur la Terre, un Afro-Américain d'aujourd'hui aura plus de 1000 ancêtres au XVIIIe siècle. Ils ne peuvent pas tous être issus d'une même tribu ou d'un même pays.

Des millions d'Africains ont été transportés, et des millions sont morts en route, de maladie ou en sautant des navires parce qu'ils savaient que la mort valait mieux que la servitude. Les survivants des voyages n'ont pas été séparés par leur pays d'origine, et ils n'auraient pas pu l'être non plus lorsqu'ils étaient vendus comme du bétail dans les plantations des Amériques. Peut-être qu'avec le développement des bases de données et la poursuite des travaux d'analyse à une échelle toujours plus fine, l'ADN pourrait permettre d'identifier que certains ancêtres étaient originaires de régions particulières, voire de tribus particulières telles qu'elles existent aujourd'hui. Mais comme partout, même avec cette histoire grotesque en place, tout le monde a deux parents, quatre grands-parents, huit arrière-grands-parents et ainsi de suite, et avec les niveaux notables de mélange au sein de l'Afrique, la pureté des signaux génétiques qui pourraient révéler quelque chose d'aussi précis que le pays sera brouillée. Le désordre des mouvements humains et le désir de se reproduire, soit volontairement, soit par des actes de cruauté et de méchanceté, rendent absurde le concept d'une origine géographique unique.

Le désir de connaître ses ancêtres est puissant, et dans le cas des Afro-Américains, l'empathie est importante. La traite des esclaves de l'Atlantique était un nadir pernicieux de la capacité de l'homme à faire preuve de cruauté envers ses semblables. Les maisons ancestrales ont été détruites, les tribus anéanties, les pays décimés. Des millions de personnes sont mortes sur les navires auxquels elles étaient enchaînées. Pour qu'un peuple — plusieurs peuples en fait — soit à ce point déraciné de son passé, pour qu'il s'agisse d'une feuille blanche, toute information peut avoir une certaine validité ou offrir un certain pouvoir ou un certain réconfort. Néanmoins, les tests génétiques commerciaux restent scientifiquement peu convaincants.

Pour les Amérindiens, l'histoire est différente, mais les résultats sont similaires. L'oppression et la persécution des divers peuples indigènes des Amériques ont commencé en 1492 et ont duré des siècles. Pendant cette période, les tribus ont été déplacées de force, les femmes violées et assassinées. La Piste des larmes est peut-être la migration forcée la plus connue de l'histoire des États-Unis. En 1830, le président Andrew Jackson a ratifié la loi sur l'expulsion des Indiens, qui, tout en ne donnant apparemment au gouvernement fédéral que le droit d'ouvrir des négociations de réinstallation volontaire avec les tribus cherokees, a eu pour effet de faciliter la réinstallation forcée de plus de 16 000 indigènes américains, suite à la découverte d'or dans les territoires cherokees.

Des milliers de personnes sont mortes au cours de cet exode forcé. L'existence de ce type de politiques génocidaires reflète le racisme inhérent aux gouvernements successifs pendant des décennies, mais elle décrit également une histoire démographique très anormale, en plus des 20 000 ans de migration et des niveaux de mélange attendus dans l'Amérique d'avant l'invasion. L'existence de peu de documents écrits sur l'ascendance au sein des populations amérindiennes, associée à la rareté des échantillons génétiques, signifie que l'état actuel de notre compréhension des génomes amérindiens est relativement médiocre. Nous savons qu'il y avait un flux de gènes entre les tribus avant et après la colonisation. Nous savons que la migration forcée signifie que l'appartenance aux tribus a comporté un certain flux dû à la relocalisation et au sentiment que les tribus sont très liées à la terre qu'elles habitent. Il existe plusieurs façons d'attribuer le statut tribal, principalement à partir d'un concept appelé « quantum du sang » — une invention des Européens américains au XIXe siècle — qui concerne le nombre de membres de vos ancêtres qui font déjà partie d'une tribu. Hormis les cas de paternité contestée, l'ADN ne peut pas être utilisé de manière significative.

Nous sommes maintenant convaincus que les migrations à longue distance et les échanges incessants de matériel génétique ont été une caractéristique omniprésente de l'histoire humaine et que, par conséquent, la structure actuelle de la population n'est pas nécessairement un bon indicateur de la localisation géographique des populations ancestrales. Chaque nation sur Terre est unique, et toutes sont identiques. La pureté raciale n'existe pas, et la génétique s'est moquée de ces affirmations. Les populations du monde entier possèdent des signatures génétiques qui révèlent la structure actuelle et, dans une certaine mesure, historique des personnes qui les portent. Mais celles-ci correspondent mal à toute notion de race, voire de pays.

Jusqu'à présent, la discussion s'est concentrée sur les tentatives de repérage des identités culturelles à l'aide de la génétique, ce qui, au mieux, est une lutte. Il en va naturellement de même pour les personnes d'origine européenne qui revendiquent la pureté raciale et donc la supériorité raciale. Le racisme en tant que concept a de multiples définitions, mais toutes sont essentiellement comparatives. Quelle que soit la définition raciale d'un groupe, elle implique des comportements ou des traits entre les groupes qui peuvent être classés.

Le diagramme de Venn des personnes qui se décrivent comme des nationalistes blancs, des suprémacistes blancs et des néonazis est proche d'un cercle unique, bien qu'ils revendiquent tous de subtiles différences. Comme aux premiers jours du racisme scientifique, presque tous se définissent comme supérieurs aux autres races. Depuis l'avènement de l'internet, qui est à peu près synchronisé avec la révolution génomique, des sites web racistes existent. Le plus connu est sans doute Stormfront, qui décrit ses membres comme des « réalistes raciaux » et des nationalistes blancs, mais il en existe beaucoup d'autres, notamment dans les forums de discussion influents de sites web tels que 4 Chan et 8 Chan.

L'un des objectifs spécifiques de nombreux groupes nationalistes blancs est d'établir une sorte d'ethnostat blanc, et depuis l'essor des tests génomiques personnels commerciaux, ces sites sont remplis de racistes obsédés par la génétique des populations. On ne sait pas très bien comment la pureté raciale serait établie, mais les services que les amateurs de généalogie utilisent pour tenter de retracer leur ascendance sont également populaires auprès de ceux qui les utilisent pour démontrer un certain concept de pureté blanche. Ces sites regorgent de commentaires montrant les résultats de leurs tests, pour autant qu'ils indiquent des ancêtres d'Europe du Nord. L'éminent nationaliste blanc Richard Spencer a publié sur Twitter en 2017 les résultats de son test 23andMe, qui montrait que 99,4 % des personnes interrogées étaient européennes et qu'aucun Juif ashkénaze n'était présent. Comme cela est possible sur le site web 23andMe, il a également permis que les résultats complets soient visibles par tous, ce qui révèle qu'il a des ancêtres nord-africains et mongols aussi récents que le XIXe siècle. Curieusement, Spencer n'a pas encore fait de commentaires à ce sujet.

La pureté blanche est l'idée clé de la suprématie blanche. La blancheur est perçue comme supérieure aux autres pigments, notamment en raison d'une interprétation de l'histoire qui place les Européens en position dominante sur les autres pays par la conquête et l'empire, et qui leur confère d'une certaine manière des caractéristiques telles que l'inventivité et la création de richesse. Ces attitudes sont remarquablement similaires à celles exprimées tout au long de l'histoire du racisme scientifique par Kant, Voltaire et bien d'autres, du XVIIe au XXe siècle. Le mélange avec des personnes autres que les blancs est un acte de dilution qui s'éloigne de la pureté de l'ascendance blanche et qui, par conséquent, sape la justification d'une ethnie blanche.

La généalogie et la génétique ont une relation étroite, mais pas parfaite. L'ADN peut vous dire des choses intéressantes sur l'histoire de la famille et l'ascendance, mais ses pouvoirs sont profondément limités par la biologie fondamentale et le comportement des gens, qui est que nous nous déplaçons et nous reproduisons avec une ampleur remarquable. La généalogie traditionnelle a ses propres limites complémentaires : les traces écrites se refroidissent pour la plupart des familles après seulement quelques générations dans le passé. Pour la plupart des gens, les défauts de ces techniques généalogiques sont des murs de briques qu'on ne peut pas franchir.

Vous n'êtes pas vos gènes, et vous n'êtes pas vos ancêtres. La plupart de vos ancêtres sont perdus et ne pourront jamais être retrouvés. Nous pouvons être clairs sur ce point avec une certitude absolue : vous descendez de multitudes de gens, de partout dans le monde, de personnes que vous pensez connaître, et de bien d'autres dont vous ne savez rien. Vous n'aurez aucun lien génétique significatif avec nombre d'entre eux. Ce sont les faits de la biologie.

Troisième Partie : LA PUISSANCE NOIR

Le dernier Blanc à avoir remporté la finale du 100 mètres aux Jeux olympiques a été l'Écossais Allan Wells en 1980. C'était les jeux de Moscou, et en raison de l'intensité de la guerre froide, les États-Unis avaient boycotté, et leurs sprinters d'élite étaient absents. En comptant Wells, il y avait cinq hommes blancs dans cette équipe de départ, deux Cubains et un Français d'origine africaine. La médaille de bronze a également été remportée par un Blanc, Petar Petrov, un Bulgare dont le record personnel était de 10,13 secondes. Bien qu'inconnue, il est probable que si les athlètes américains avaient été présents, Wells n'aurait pas atteint les huit derniers mètres, son record personnel étant de 10,11.

Non seulement c'était la dernière fois qu'un homme blanc gagnait le 100 mètres olympique, mais c'était aussi la dernière fois que des hommes blancs participaient à la finale et la dernière course dans laquelle le temps gagnant était supérieur à 10 secondes. Depuis ce pistolet tiré à Moscou en 1980, cinquante-huit sprinters ont pris le départ de la finale du 100 mètres.

La finale du 100 mètres masculin aux Jeux olympiques est la course la plus prestigieuse sur terre. Tous les quatre ans, c'est la mesure formelle du plus rapide qu'un homme puisse courir sur la plus courte distance convenue, sur la plus grande scène disponible, et que des milliards de personnes regardent. L'énorme croissance de la popularité du sport à l'ère moderne, combinée aux médias de masse mondiaux, a fait que nous pouvons voir des gens de toutes les nations, de toutes les couleurs et de toutes les croyances, participer à une myriade de compétitions. Les Jeux olympiques sont fondés sur les principes de l'unité internationale. Les cinq anneaux entrelacés du drapeau olympique représentent les cinq continents : l'Europe, l'Asie, l'Afrique, l'Australasie et les Amériques. À l'ère moderne, les couleurs des anneaux ne sont plus spécifiques, bien qu'avant 1951, l'Europe était explicitement liée à l'anneau bleu, l'Australasie au vert, les Amériques au rouge, l'Asie au jaune et l'Afrique au noir.

De nobles principes sont au cœur des compétitions sportives modernes. La devise olympique est « Plus vite, plus haut, plus fort », et c'est un spectacle qui met en valeur le talent, le travail acharné, la saine compétition et la lutte non pas pour la victoire, mais simplement pour avoir participé. En tant que spectateurs, nous voyons un grand divertissement chez des gens au zénith de leur forme physique, enfermés dans le drame d'un conflit intense lié par des règles strictes.

Cependant, ces valeurs honorables masquent beaucoup d'iniquité. Dans le sport, il existe une grande inégalité des chances et donc des résultats. Tout le monde n'a pas accès aux mêmes installations et aux mêmes richesses nécessaires pour réussir dans le sport. Tous les enfants n'ont pas de parents ou de tuteurs suffisamment riches pour sacrifier heure après heure, jour après jour, les efforts nécessaires à leur entraînement pour pouvoir participer à des compétitions. Tous les pays n'ont pas les mêmes intérêts culturels dans des sports spécifiques. Et en ce qui concerne la biologie fondamentale, le sport, loin d'être un grand niveleur basé uniquement sur l'habileté pratiquée et l'effort durement gagné, est énormément faussé par la physicalité innée. Cela est évident de la manière la plus élémentaire : les personnes de grande taille ont un avantage au basket-ball, et la taille est fortement et massivement déterminée par les gènes. Les différentes formes de corps conviennent à différents sports et même à différentes positions dans le même sport. Au rugby, l'attaquant de la mêlée a l'avantage d'être un gros bonnet, alors qu'un ailier doit traditionnellement être souple et rapide.

Ce sont des traits qui sont fortement influencés par la génétique, et donc lorsque nous constatons la domination d'un groupe de personnes dans un sport particulier, nous devons nous attaquer à la tentation d'attribuer leur avantage à leurs origines ancestrales.

La domination des athlètes noirs à l'ère moderne du sprint a alimenté une croyance répandue selon laquelle les personnes d'origine africaine, et plus particulièrement celles d'origine ouest-africaine, sont génétiquement prédisposées à avoir des physiologies qui les rendent naturellement avantagées pour le sprint. Bien que ce ne soit qu'au cours des quarante dernières années que les hommes noirs ont atteint une domination totale dans le 100 mètres, les sentiments racistes sous-jacents concernant la physicalité des athlètes noirs sont beaucoup plus anciens. En 1936, James Cleveland Owens (plus connu sous le nom de Jesse en raison de la prononciation de ses initiales en Alabama) a réalisé l'un des plus grands exploits sportifs de tous les temps en remportant l'or olympique dans le 100 mètres, le 200 mètres, le relais 4×100 mètres et le saut en longueur. Mieux encore, il l'a fait à Berlin, ce qui a beaucoup vexé Adolf Hitler qui a vu les Aryens suivre la piste de l'infériorité après la domination noire. Il existe une photo puissante de l'après-guerre : Jesse Owens saluant le drapeau américain sur le podium, entouré de milliers de personnes qui tendent la main droite dans un geste nazi.

Notre schadenfreude est minée par les commentaires de Dean Cromwell, le propre entraîneur d'Owens, qui a déclaré plus tard : « Le nègre excelle dans les épreuves qu'il fait parce qu'il est plus proche du primitif que du blanc. Il n'y a pas si longtemps, sa capacité à sprinter et à sauter était une question de vie ou de mort pour lui dans la jungle ».

Les tentatives d'explication de la supériorité moderne des athlètes noirs invoquent une autre cause pour la sélection des physiologies brutes : l'esclavage. La force et la puissance seraient des caractéristiques souhaitables chez les hommes et les femmes esclaves, selon l'argument. Les individus possédant ces caractéristiques innées auraient réussi leur asservissement et seraient gardés échangés et récompensés. Par conséquent, ils vivaient plus longtemps et avaient plus d'enfants. Par conséquent, une sélection non naturelle aurait augmenté la prépondérance de ces gènes de pouvoir.

C'est un argument intéressant, qui mérite d'être examiné. Il semble qu'il existe des preuves de différences génétiques entre les Afro-Américains et les Africains. Il s'agit notamment de la fréquence accrue des gènes qui présentent des risques plus élevés d'hypertension, de cancers de la prostate et de la vessie, de sclérose, et de la fréquence plus faible des allèles qui causent la drépanocytose. Il n'y a pas d'explication proposée basée sur la sélection pour une augmentation des gènes associés à la maladie, mais la différence entre les Afro-Américains et les Africains de l'Ouest peut simplement s'expliquer par le mélange avec les Européens depuis l'introduction de l'esclavage. Un mécanisme plausible pour l'abaissement des allèles de la drépanocytose pourrait être le fait que la malaria n'est pas endémique dans de grandes parties des États-Unis où vivaient les noirs esclaves, bien que cette période soit courte pour expliquer cette différence.

Ou alors, c'est peut-être le hasard. Ces différences génétiques ne sont pas nécessairement dues à la sélection. Elles peuvent simplement refléter le fait que les Afro-Américains ont une histoire migratoire différente de celle des Africains, et que les changements de fréquence des gènes reflètent des histoires de vie différentes. L'idée qu'il y ait eu une évolution via une sélection artificielle (par opposition à une sélection naturelle) spécifiquement pour des prouesses physiques pose un certain nombre de problèmes. Deux ou trois siècles, ce n'est pas très long en termes d'évolution, et sans doute pas assez de temps pour que ces gènes se fixent dans une population mixte à la suite d'une sélection délibérée. En effet, une étude de 2014 sur l'ADN de 29 141 Afro-Américains vivants n'a montré catégoriquement aucun signe de sélection sur l'ensemble du génome pour quelque trait que ce soit, depuis que leurs ancêtres ont été arrachés à leur terre natale africaine.

Des programmes de sélection par les propriétaires d'esclaves ont bien eu lieu, mais pas de manière uniforme ou cohérente. En outre, il y avait différents types d'esclaves en Amérique, ce que Malcolm X appelait les « nègres des champs » et les « nègres des maisons », pour lesquels la force physique n'aurait pas nécessairement été un avantage sélectif. En outre, l'économie de l'esclavage n'était pas une industrie uniforme qui devait être servie par un seul type de biens humains. La culture du tabac dominait une grande partie de l'agriculture dans le sud, mais elle a fini par céder la place à la culture du coton dans de nombreuses régions, qui était beaucoup moins intensive en main-d'œuvre et hautement qualifiée. Des travailleurs puissants n'auraient pas nécessairement été la quintessence de l'importance. Je n'ai pas connaissance de programmes de sélection spécifiquement destinés à la rapidité.

Spéculons généreusement. Peut-être que la sélection pendant l'esclavage est la différence biologique entre la surreprésentation des succès sportifs des Afro-Américains par rapport aux Africains. Laissons de côté le manque de soutien à cette idée de la part des générations et l'absence de preuves de sélection dans le génome, comme mentionné ci-dessus. Imaginons que les gènes sélectionnés soient liés à la puissance et à la force, et par extension, que cela se traduise par un avantage au sprint, même si les programmes d'élevage d'esclaves n'étaient pas destinés à la course rapide. Pourquoi alors les Européens de l'Est dominent-ils l'haltérophilie, et sont-ils absents du sprint, alors que la sélection des esclaves pour la puissance serait parfaitement adaptée à ce sport, bien plus que la course à pied ? Pourquoi les Afro-Américains dominent-ils la boxe, mais pas la lutte ? Pourquoi un jeu tel que le squash, qui exige également une énergie et une puissance explosives, est-il dominé par des athlètes originaires d'Inde, du Pakistan, d'Égypte et de Grande-Bretagne, et n'a-t-il jamais mis en scène une personne d'origine africaine ayant réussi ? Pourquoi n'y a-t-il pas de cyclistes de sprint afro-américains ?

Le tennis est un sport qui demande de la force et une énergie explosive, mais les personnes d'origine ouest-africaine ou de toute autre origine africaine sont largement absentes de ce sport de prédilection. Avec vingt-trois titres du Grand Chelem (et seize autres en double), la domination de Serena Williams dans le tennis moderne fait d'elle l'une des plus grandes joueuses de tennis de tous les temps, et même l'un des plus grands sportifs de tous les temps. Le succès de Williams est-il le résultat de son ascendance ? Oui, dans un sens étroit, en ce sens que son bagage génétique présumé lui confère une partie de son avantage. Mais la question est la suivante : son ascendance est-elle la caractéristique déterminante de son succès ? Le fait qu'une femme noire soit une vraie grande personne reflète en partie la diminution des préjugés et l'augmentation des opportunités dans l'ère moderne. En étant l'une des plus grandes joueuses de tennis de tous les temps, tout comme Usain Bolt est la coureuse la plus rapide jamais enregistrée, elles sont déjà des aberrations merveilleusement effrayantes et de piètres représentantes de l'homme normal. Sont-ils génétiquement aberrants ?

Pour le sprint, il existe un fait notable et aveuglant qui est à jamais ignoré. Les athlètes afro-américains, antillais et afro-canadiens dominent le sprint depuis quarante ans, tous descendants d'esclaves d'Afrique de l'Ouest. Seuls cinq hommes blancs ont participé aux finales olympiques du 100 mètres depuis que le pistolet de départ a été tiré dans la course de 1980, et l'or et le bronze de cette course sont les seules médailles qui n'ont pas été remportées par les sprinters noirs du 100 mètres. Dans le même temps, le nombre d'hommes africains dans les finales est également de cinq. Cela inclut deux médailles, toutes deux remportées par Frankie Fredericks de Namibie, un pays qui n'est pas considéré comme l'Afrique de l'Ouest (il s'agit plutôt du sud-ouest de l'Afrique) ; seul un des cinq Africains a enregistré un temps inférieur à 10 secondes. Selon ce critère, les hommes africains ont précisément autant de succès que les hommes blancs. La traite transatlantique des esclaves a également importé des millions de femmes et d'hommes d'Afrique de l'Ouest en Amérique du Sud. Quel est le nombre de Sud-Américains, toutes origines confondues, ayant participé à la finale du 100 mètres ? Zéro.

Le fait est que les sprinters d'élite aux Jeux olympiques ne constituent pas un ensemble de données sur lequel un statisticien pourrait tirer une conclusion satisfaisante. Pourtant, ce sont précisément les données sur lesquelles repose un stéréotype extrêmement populaire. L'idée de l'athlétisme noir dans le sprint est tirée d'un échantillon extrêmement faussé et fatalement défectueux, un échantillon qui, en raison de l'absence relative de sprinters ouest-africains, ne soutient même pas sa propre hypothèse. Si les personnes d'origine ouest-africaine ont un avantage génétique, pourquoi y a-t-il peu de sprinters ouest-africains, alors que l'esclavage ne fait pas la différence ?

Nous pouvons bien sûr aller au-delà de la simple spéculation sur le changement évolutif et évaluer la biologie moléculaire des capacités physiques. La véritable génétique du succès sportif est, comme on peut s'y attendre, complexe. Comme pour tout comportement humain, il existe une myriade de facteurs dans la physiologie de la physicalité : la taille de votre cœur ; l'efficacité avec laquelle vous absorbez l'oxygène (appelée VO2 max) ; la récupération musculaire après un exercice ou une blessure ; le point d'inflexion du lactate, qui est le moment où les niveaux d'acide lactique augmentent parce qu'il est produit plus vite que le corps ne peut le décomposer, ce qui entraîne des crampes musculaires ou un point de suture. Ce sont tous des phénomènes relativement bien compris qui ont une base génétique solide. Il existe également des caractéristiques physiques telles que la flexibilité et la coordination qui sont moins bien comprises d'un point de vue génétique. Et enfin, il y a le psychologique — détermination, concentration, persévérance, prise de risque — qui, comme tous les traits comportementaux, ont une base génétique, mais sont immensément compliqués et mal compris.

C'est une image typiquement désordonnée à démêler, alors occupons-nous d'abord de ce que nous connaissons le mieux. La puissance et l'endurance se situent aux extrémités opposées du spectre de la performance musculaire. Nous le savons intuitivement : les athlètes d'endurance d'élite et les sprinters sont des diagrammes de Venn qui ne se chevauchent pas. Nous le savons aussi génétiquement. L'approche contemporaine pour identifier les gènes impliqués dans l'athlétisme consiste à prendre des athlètes d'élite, et à rechercher les variantes de gènes qui sont plus fréquentes chez eux que dans le reste de la population. Avec ces différences, nous pouvons déduire que ces gènes stimulent les performances, sans savoir ce que font réellement les gènes. C'est une technique assez standard en génétique, et elle est également fructueuse. Plus de 150 points individuels de différence génétique ont été identifiés dans quatre-vingt-trois gènes chez des athlètes d'élite au cours de centaines d'études, dont environ trois cinquièmes semblent être liés à l'endurance et le reste à la force ou à la puissance.

Il convient de noter que chez certains des athlètes d'élite dans les sports dominés par la puissance qui ont été testés (rugby, kayak, lutte), des variantes de gènes ont été identifiées qui se situaient en dessous du seuil de signification, ce qui signifie qu'elles n'étaient probablement pas plus fréquentes chez les sportifs que dans un public plus large. Si cela ne remet pas en cause le fait que la réussite sportive repose sur un avantage génétique, cela souligne l'importance des facteurs non génétiques.

La question qui se pose est donc la suivante : parmi la multitude de variantes génétiques identifiées jusqu'à présent qui s'associent aux sportifs d'élite, y a-t-il ségrégation avec des populations, des ethnies ou des races spécifiques ?

La réponse est oui. Et non. Et peut-être. Nous ne connaissons pas l'effet de la plupart de ces 150 variantes, et nous disposons de quelques informations sur leur répartition dans le monde. Ici, je me concentrerai sur deux en particulier, qui sont très étudiées, apparemment importantes et qui font également l'objet de beaucoup de travaux scientifiques.

Les muscles sont constitués de longues fibres construites à partir de multiples cellules tubulaires. Lorsque vous fléchissez votre biceps, toutes ces cellules se mettent en action et se contractent à l'unisson pour se resserrer sur toute la longueur du muscle, et attirer l'avant-bras vers l'intérieur. Les cellules des muscles squelettiques sont de deux types : lentes et rapides. Les cellules de contraction lente sont plus efficaces pour traiter l'oxygène afin de générer l'énergie nécessaire à la contraction que les cellules de contraction rapide, qui génèrent de l'énergie plus rapidement. Les cellules à contraction rapide sont donc plus efficaces pour produire de l'énergie explosive sur des périodes plus courtes. Les personnes qui pratiquent des sports nécessitant une énergie explosive ont tendance à avoir une proportion plus élevée de cellules musculaires à contraction rapide.

La génétique qui sous-tend cette distinction n'est pas bien comprise, bien qu'elle implique certainement un gène appelé alpha-actinin-3 (ACTN3), qui, comme tous les gènes, existe en plusieurs versions (ou allèles), chacune subtilement différente. Deux allèles sont en corrélation avec une grande partie de la différence entre rapide et lent, et cette différence est appelée R577X. De nombreuses études ont montré que les athlètes d'élite dans les sports de puissance et de force sont plus susceptibles d'avoir une ou deux copies du type R, plutôt que deux copies du type X, ce qui se traduit par moins de cellules de contraction rapide.

Comme nous le découvrons invariablement dans la génétique moderne, les gènes ont de nombreux effets, et il est rare que l'on puisse leur attribuer un seul attribut. L'ACTN3 est fréquemment décrit comme le « gène de la vitesse », tant dans la presse populaire que dans les articles universitaires. Des études montrent également que l'allèle R est impliqué dans la réponse à l'entraînement en résistance, la réduction des dommages musculaires après un exercice intensif et la diminution du risque de blessure, mais peut être associé à une réduction de la flexibilité. Il convient de noter que malgré le vif intérêt que les scientifiques et les généticiens du sport portent à ce gène, sa relation avec la performance n'est pas bien comprise. Nous disposons cependant de quelques données démographiques et nous savons que la répartition des personnes atteintes du génotype XX est globalement inégale : un quart des Asiatiques sont des XX, un cinquième des Américains blancs, un Éthiopien sur dix, un Afro-Américain sur vingt-cinq et seulement un Kenyan sur cent.

Ainsi, la présence de l'allèle R (une ou deux copies) est nettement plus élevée chez les Afro-Américains que chez les Américains blancs, soit 96 % contre 80 %. Les chiffres sont presque les mêmes pour les Jamaïcains. Cela n'est pas du tout comparable à l'écart observé entre les sprinters olympiques afro-américains ou jamaïcains et les concurrents blancs. S'il ne s'agissait que de ce seul gène, on pourrait s'attendre à voir peut-être six sprinters d'élite être noirs pour cinq coureurs blancs.

Prenez un autre sport où l'énergie et la vitesse explosives sont un atout : le basket-ball. Au sein de la National Basketball Association (NBA), le rapport entre les joueurs noirs et les joueurs blancs se situe constamment autour de 3:1 depuis les années 1990, les Noirs étant là encore largement surreprésentés si l'allèle R est votre seul critère. C'est un argument ultra-simplifié, car il est évident que de nombreux autres facteurs influencés génétiquement sont importants dans le basket-ball, notamment la taille. Dans d'autres sports, la forme corporelle souhaitable est plus variable. Dans le football américain de haut niveau, la proportion de joueurs noirs est d'environ 70 %, mais comme au rugby, c'est un jeu où il existe des postes très spécialisés avec des aptitudes et des attributs physiques différents. Les joueurs de ligne offensifs ont tendance à être lourds et forts, les coureurs ont tendance à avoir le physique des sprinters, et la plupart sont noirs. Les joueurs de ligne sont cependant répartis de manière assez égale entre les Américains noirs et blancs. Mais en position centrale, les Blancs sont plus nombreux que les Noirs (4:1). Pourquoi? Nous ne le savons pas, mais cela ne semble pas avoir de rapport avec la génétique. Dans la Ligue majeure de base-ball — un sport qui exige de sprinter et de lancer, de frapper et de sprinter avec puissance — les Afro-Américains représentent moins de 10 % des joueurs.

Aucun de ces chiffres n'a beaucoup de sens si la race biologique est votre principe directeur, et les schémas relatifs à l'ethnicité sont terriblement incohérents, tant entre les sports qu'au sein de ceux-ci. Et si la répartition de l'allèle R est inégale dans les différentes populations, elle ne correspond pas à la composition des athlètes d'élite dans les différents sports.

Les Kenyans et les Éthiopiens représentent environ les deux cinquièmes des médailles aux Jeux olympiques, aux championnats du monde et aux championnats du monde de cross-country pour la course de demi-fond et de longue distance. Depuis 2010, tous les vainqueurs du marathon de Londres, hommes et femmes, sont soit kenyans, soit éthiopiens. La domination de ces deux pays en matière de course d'endurance sur la plus haute marche du podium est proche de l'absolu. Pourquoi en serait-il ainsi?

Tout comme l'hypothèse selon laquelle l'ascendance ouest-africaine est essentielle pour la domination dans le sprint, il existe une croyance persistante parmi beaucoup de gens que l'ascendance est-africaine est essentielle pour le succès de l'élite dans la course d'endurance. En raison de la spécificité géographique de ces élites, la suggestion qui en découle est qu'il existe une base évolutive pour le succès des courses d'Afrique de l'Est. Contrairement à la fausse hypothèse selon laquelle la sélection par l'esclavage a entraîné les changements génétiques nécessaires à la force et à la puissance, pour les courses d'endurance, diverses idées ont été avancées, notamment celle selon laquelle les ancêtres des pasteurs des hauts plateaux d'Afrique de l'Est ont évolué pour chasser leurs troupeaux.

La forme du corps est un facteur de succès pour la course d'endurance. Les corps légers et maigres sont plus aptes à dissiper la chaleur, et ces physiques abondent en Afrique de l'Est, probablement des adaptations au climat chaud local (contrairement aux formes corporelles tibétaines ou inuites qui ont tendance à être plus courtes et plus rondes pour retenir la chaleur dans le froid). La génétique qui sous-tend la physiologie de l'endurance est similaire, mais différente de celle de l'ACTN3. Le gène le plus étudié en relation avec le sport d'endurance code une protéine appelée enzyme de conversion de l'angiotensine, ou ECA. Elle se trouve à la surface des cellules des poumons, des reins, des testicules et d'autres tissus, et intervient dans le système de régulation de la pression sanguine de l'organisme, en aidant à contrôler les volumes d'eau entrant et sortant des cellules. Le gène de l'ECA se présente sous la forme de deux allèles majeurs, l'un avec un morceau d'ADN manquant (appelé D ; la version longue est appelée I). Les deux versions fonctionnent bien, mais la forme D provoque une augmentation plus rapide de la pression sanguine. Les personnes ayant la forme I ont une meilleure absorption d'oxygène et un rythme cardiaque maximal plus élevé. Dans une méta-analyse de 366 études (c'est-à-dire une méta-analyse qui regroupe plusieurs études pour augmenter la puissance statistique), la présence de deux allèles ECA I était significativement plus élevée chez les athlètes d'endurance que chez les personnes ayant la forme I ou D.

Comme on pouvait s'y attendre, la variante ACE II est présente à un niveau élevé chez les athlètes d'élite du Kenya et de l'Éthiopie. Cela n'est pas surprenant, car lorsque le gène ACE a été évalué dans des études comparant des coureurs d'élite éthiopiens et kenyans avec des non-athlètes des mêmes pays, aucune différence n'a été trouvée, ce qui signifie que pour l'Afrique de l'Est, il s'agit d'une caractéristique génétique nationale, indépendamment de l'athlétisme.

Mais en y regardant de plus près, cette question n'est peut-être pas aussi instructive à poser, car les populations d'où émergent les coureurs d'endurance d'élite sont beaucoup plus restreintes. En fait, la démographie spécifique des succès de ces deux pays est incroyablement précise. Pour les Éthiopiens, la majorité des athlètes internationaux viennent des districts d'Arsi et de Shewa. Pour les Kenyans, ce sont des personnes appartenant au groupe linguistique et ethnique des Kalenjins — les noms de famille commençant par « Kip » — qui caractérisent ces personnes, comme les grands coureurs Moses Kiptanui, Helah Kiprop, Wilson Kipsang Kiprotich et Eliud Kipchoge, qui en octobre 2019 sont devenus le premier humain à courir le marathon en moins de deux heures. Plus précisément encore, dans les Kalenjin, la sous-tribu des Nandi connaît un succès disproportionné. Nandi et Arsi sont des districts montagneux de la vallée du Rift, à plus de 2 000 mètres d'altitude.

La physiologie qui fonctionne bien en haute altitude est avantageuse dans le sport. Il y a moins d'oxygène à haute altitude, donc si vous pouvez y faire face, vous avez un avantage lorsque vous participez à des compétitions au niveau de la mer ; là, les niveaux d'oxygène sont plus élevés et vous pourrez pomper l'énergie dans vos muscles avec une plus grande efficacité. Vivre et s'entraîner en altitude est donc une bonne chose pour la réussite sportive — les athlètes s'habituent à faire de l'exercice avec moins d'oxygène, puis ils sont stimulés au niveau de la mer. Pour la question de l'ascendance, une population de longue date qui vit en altitude peut être nécessaire, mais elle n'est pas suffisante pour expliquer le succès d'un athlète. Si c'était le cas, nous nous attendrions à voir de grands coureurs mexicains, andins et tibétains. De grandes parties de l'Amérique du Sud, de l'Asie centrale et du Mexique sont également situées à plus de 2 000 mètres d'altitude.

Mais ils n'ont pas une culture de la course. Et c'est là une différence essentielle. Au Kenya et en Éthiopie, la course est une industrie. Les entraîneurs qui ont réussi, soutenus par des coureurs emblématiques, ont mis en place des camps intensifs fondés sur une culture de la réussite. La ville de montagne éthiopienne de Bekoji, qui compte 16 000 habitants, a produit dix médailles olympiques et quinze records du monde. S'il s'agissait d'un phénomène équivalent au Royaume-Uni, ce serait comme si tous nos médaillés d'or olympiques en athlétisme de ces quinze dernières années venaient de la ville de Ramsbottom, dans le Lancashire. Au Kenya, la ville d'Iten est similaire : un entraînement intensif, expert et hautement spécialisé, dispensé par un grand nombre d'athlètes motivés, désespérés d'être le prochain candidat au record du monde.

Certains ont suggéré qu'une partie de la genèse de cette tradition remonte au colonialisme, l'influence des missionnaires et des militaires favorisant l'exercice. Peut-être y a-t-il une certaine base à cela, mais des coureurs célèbres tels que Kipchoge Keino (Or 1 500 mètres, Mexique 1968) et Haile Gebrselassie (Or 10 000 mètres, Atlanta 1996) ont eu des effets transformateurs sur la culture de la course dans leur pays.

Comme dans tous les sports, la motivation pour s'entraîner dur et faire partie de la culture de la course à pied est aussi de profiter du butin du succès. Les gagnants gagnent de l'argent et deviennent des célébrités. Des découvreurs de talents internationaux hantent les camps d'entraînement pour découvrir de nouvelles superstars. En essayant de rendre compte de la suprématie des coureurs kenyans et éthiopiens, une étude de 2012 a conclu qu'en plus de l'allèle ACE II, de la forme corporelle, de l'efficacité métabolique, de l'entraînement intensif (spécifiquement pour vivre et s'entraîner en altitude), il y avait aussi une forte « motivation psychologique à réussir sur le plan sportif dans le but d'un avancement économique et social ».

La domination absolue des coureurs de fond finlandais dans la première moitié du XXe siècle a pris fin parce que la culture de la course s'est dissoute. La domination actuelle des Kenyans et des Éthiopiens dans la course de fond, et des descendants des esclaves des Amériques dans le sprint, est due au fait qu'ils ont des cultures et des icônes de suprématie totale.

Le sport est un phénomène social et biologique complexe qui, comme toute activité humaine, comprend un apport important de la nature et de l'alimentation, c'est-à-dire des gènes et de tout le reste. C'est en fait du racisme occasionnel que de suggérer que l'ethnicité biologique est plus importante que d'autres facteurs, notamment parce qu'il est pratiquement impossible de séparer tous les éléments d'une vie vécue pour évaluer les ingrédients d'une recette réussie. En science, nous nous tournons vers le Rasoir d'Ockham (ou la parcimonie scientifique) pour comprendre les phénomènes, le concept selon lequel la meilleure hypothèse est celle qui nécessite le moins d'hypothèses. Bien que cela semble être une réponse plus simple, la preuve que les catégories raciales traditionnelles sont la cause du succès sportif nécessite en fait bien plus d'explications que les suivantes : il existe un certain avantage génétique dans la réussite sportive, dont certains se manifesteront sous la forme de traits physiques qui font pencher la balance du côté du succès. Il est impossible d'expliquer précisément cet avantage génétique, et aucune de ces catégories ne se confond avec les races familières.

Les stéréotypes et les mythes peuvent avoir un semblant de fondement dans l'observation personnelle, et ont tendance à revenir à une version de l'essentialisme — qu'il y a une signature singulière qui délimite la différence. Mais d'un point de vue sociologique, ce type d'analyses populaires a tendance à invoquer des préjugés profonds dont nous ignorons peut-être l'existence, ainsi qu'un racisme structurel permanent. Les sociologues Matthew Hughey et Devon Goss ont analysé des centaines de reportages sportifs dans la presse pendant onze ans au XXIe siècle. Ils ont constaté que la base biologique de la race était un thème commun dans la description des succès sportifs. En comparant les références au succès des athlètes noirs et blancs, la capacité physique innée était typique dans les descriptions des athlètes noirs et les prouesses intellectuelles ou l'assiduité étaient les critères de succès les plus fréquemment cités par les blancs. La fixation sur les gènes individuels dans l'analyse du succès sportif dit que la biologie inhérente, et non l'effort, est le médiateur du succès. Nos préjugés culturels disent clairement « muscles noirs et cerveau blanc ».

L'association entre le physique et la race s'étend au-delà du sport, et au sexe. Il existe une croyance très répandue selon laquelle les hommes d'origine africaine récente ont un plus gros pénis que les hommes d'autres populations, et que les hommes d'origine est asiatique ont le plus petit. La méta-analyse la plus récente (2014) et la plus importante n'a trouvé aucune indication, chez plus de 15 000 hommes, d'une corrélation entre la longueur ou la circonférence du pénis et une population, une catégorie raciale ou une ethnicité particulière. Une partie du racisme persistant dirigé en particulier contre les personnes d'origine africaine est centrée sur leur corps — physicalité, puissance, sexualité. Rarement le succès est attribué à l'intellect ou à une greffe dure. Là encore, cela récapitule les sentiments des penseurs du siècle des Lumières qui ont fondé la pseudoscience de la race ; même les attributs positifs délimités par la race sont le reflet d'une évolution moindre.

Le sport est l'un des moyens de mesurer l'excellence physique et psychologique des personnes du monde entier. En raison de leur appartenance à une nation, les athlètes d'élite représentent des pays, et donc ils nous représentent. Dans ce domaine, nous pouvons livrer toutes sortes de batailles, de stéréotypes et de préjugés. La science qui sous-tend le succès au sommet de tout jeu est d'une complexité insondable, en partie parce que c'est comme essayer de défaire un gâteau, mais aussi parce que, bien que les sportifs d'élite nous représentent, ils ne sont pas vraiment comme la plupart des gens. Ils font des choses que la plupart des gens ne peuvent pas faire. La génétique de nos traits physiques est également extrêmement complexe. Ils reflètent les différences individuelles, les différences de population, l'adaptation régionale et la bizarrerie de l'histoire humaine.

Néanmoins, nous imposons tous nos espoirs, nos rêves et nos préjugés à nos athlètes d'élite, et ceux-ci comprennent de profonds préjugés culturels, dont nous ne sommes peut-être que partiellement conscients. Il semble possible de choisir presque n'importe quel argument, raciste ou autre, et d'utiliser le sport pour le défendre. Avec des données aussi limitées, ces positions sont tout à fait intenables. Tout comme le divertissement, le sport est une célébration des extrêmes des capacités humaines. Le réduire à une simple biologie non gagnée est du racisme, qu'il soit conscient ou non. En contrepartie de leur quête de grandeur, nous devons aux athlètes d'élite des éloges plus méritoires que des origines favorables.

Quatrième Partie : LA MATIÈRE BLANCHE

Il y a entre 1,2 et 1,4 kg de tissu charnu à l'intérieur de votre crâne, ce qui signifie que vous avez un grand cerveau. Le nôtre n'est pas le plus gros parmi les animaux, car le cerveau s'écaille avec la taille du corps, et le cerveau humain est un peu fou comparé à celui d'une baleine bleue. Notre cerveau est grand pour notre taille, mais ce rapport est beaucoup plus important chez les fourmis et les musaraignes. Le nôtre est densément rempli de cellules spécialisées dans notre cortex, où se trouvent la plupart de nos fonctions supérieures, mais les corbeaux ont des neurones tout aussi denses. Pourtant, les humains sont spéciaux, et toute notre conscience, nos pensées, notre imagination et notre expérience de l'univers se produisent dans cette masse de matière gélatineuse entre nos oreilles. Mais la biologie fondamentale de notre cerveau n'est pas fondamentalement différente de celle de tout autre animal. Le cerveau fait partie de notre corps, et notre corps a évolué sous les auspices de la sélection naturelle. Nous savons très bien que la forme physique des êtres humains s'est en partie adaptée aux différents environnements dans lesquels nos ancêtres ont passé du temps : la pigmentation, l'alimentation, l'exposition aux maladies, l'élévation du niveau de la mer — ce sont toutes des choses qui ont façonné notre corps pour que nous puissions survivre. Étant donné que le cerveau fait partie de notre corps, ne serait-il pas également vrai que les différentes capacités cognitives très réelles dont font preuve les différents êtres humains sont également le résultat d'un modelage en vivant dans des zones spécifiques, avec des ancêtres spécifiques ?

En ce qui concerne certaines des mesures des différences cognitives entre les races, les chiffres sont frappants : le nombre de prix Nobel de science remportés par les Juifs est actuellement de 144. Le nombre de prix remportés par les Noirs est de zéro. Comme dans le sport, les performances aux extrêmes de la réussite ne sont pas nécessairement le reflet de la population d'où viennent les lauréats. Lorsqu'il s'agit de mesurer les capacités cognitives, nous nous basons généralement sur les moyennes de la population. Là, les chiffres ne sont pas moins édifiants : selon certaines études, les populations noires du monde entier obtiennent de loin de moins bons résultats aux tests de QI — certaines estimations situent l'écart entre dix et quinze points en moyenne. L'héritage de l'intelligence est probablement le sujet le plus controversé de toute la science, et lorsqu'il est combiné à l'étude des différences de population, de l'évolution et de la race, on a là la perspective d'une tempête parfaite. Si vous utilisez la science pour justifier une opinion raciste, l'observation des différences de performances de ces groupes dans les tâches cognitives est la fin d'une conversation. Pour quelqu'un qui s'intéresse à la science comme mécanisme de recherche de la vérité, elles sont le début.

On dit souvent que c'est un sujet tabou, et que les discussions honnêtes sur la race, l'intelligence et la génétique sont l'apanage des courageux croisés qui refusent de se plier à la censure intellectuelle née du déni de la réalité. Un cliché qui circule affirme souvent que les scientifiques « sacrifient la vérité sur l'autel du politiquement correct ». Je ne reconnais pas cette image, et il semble qu'elle soit souvent évoquée par des gens qui se jettent dans cette lumière hérétique agressive — les chercheurs de vérité contre ceux qui pervertissent la pureté scientifique. La presse grand public et les niches en ligne fomentent cette polarisation, en confrontant souvent les idées par le biais d'expressions désinvoltes qui servent à alimenter ce conflit — « signalisation de la vertu », le terme « flocons de neige » et des slogans dénués de sens tels que « les faits ne se soucient pas des sentiments » — tous conçus pour évoquer le sentiment qu'il existe une guerre des cultures entre un camp qui cherche uniquement à révéler la vérité cachée et un autre qui souhaite la supprimer. Pourtant, une recherche superficielle d'articles sur la race et l'intelligence déclenchera un torrent. Loin d'être un tabou, qui violerait les principes de la liberté d'expression, nous sommes inondés de discussions sur la race et l'intelligence, et cela a été le cas pendant une grande partie du XXe siècle. L'ampleur de ce déluge actuel ne parle pas de connaissances prétendument interdites. Au lieu de cela, nous voyons un discours populaire et parfois académique qui est obscurci par la complexité, les facteurs de confusion et — dans cette élégante phrase darwinienne — l'ignorance qui engendre la confiance. Comme au début du siècle des Lumières, à l'époque du racisme scientifique, un domaine de recherche important, sérieux, compliqué et en cours de développement est en train d'être rassemblé et coopté dans une zone de guerre politique.

Ce domaine n'est pas seulement assailli par des batailles idéologiques, mais aussi par un terrain scientifique montagneux - et nous ne sommes actuellement que dans les contreforts. Le cerveau est sans doute l'objet le plus complexe de l'univers connu, et le génome est l'ensemble de données le plus riche que nous ayons jamais découvert. Des réponses simples n'allaient donc jamais être données. Plusieurs problèmes sont inhérents à ce sujet. Le premier est que la génétique est un domaine complexe et difficile, et nous commençons à peine à le comprendre. Le second est que la mesure de l'intelligence est compliquée et difficile, et bien que nous disposions de nombreuses mesures, il y a beaucoup de controverses scientifiques au sein de la masse de données. Il y a aussi le fait que la race, telle qu'elle est décrite de manière familière, ne se reflète pas avec précision dans nos génomes, comme nous l'avons vu tout au long de ce livre. Il est donc loin d'être évident de relier ces trois concepts : la race et la génétique, la race et l'intelligence, et l'intelligence et la génétique. Ils ne font pas bon ménage. Des centaines de livres et des milliers d'articles ont été écrits sur ces sujets, depuis plus d'un siècle.

La controverse est alimentée par les questions de race et d'intelligence, souvent suscitées par les commentaires racistes de personnalités publiques. James Watson, co-découvreur de la structure en double hélice de l'ADN et champion du projet du génome humain, a tenu des propos racistes à plusieurs reprises pendant de nombreuses années, tant en public qu'en privé. Dans une interview accordée en 2007, il a déclaré qu'il était « intrinsèquement pessimiste quant à la perspective de l'Afrique » au motif que « toutes nos politiques sociales sont basées sur le fait que leur intelligence est la même que la nôtre, alors que tous les tests disent que ce n'est pas vraiment le cas ». Sur la question de l'égalité des races, il a déclaré que « les personnes qui doivent traiter avec des employés noirs trouvent cela faux ».

Dans un documentaire de 2018, Watson, alors âgé et infirme, a indiqué qu'il n'avait pas changé d'avis, malgré les excuses publiques qu'il a présentées en 2007 pour ces mêmes commentaires.

Il est dommage qu'une vie ponctuée par de véritables grandes réalisations scientifiques se termine à l'ombre d'un ostracisme ignorant qui s'est imposé à lui-même. En 2019, le laboratoire de Watson à Cold Spring Harbour lui a retiré tous ses titres restants et son portrait, comme l'ont fait d'autres laboratoires dans le monde. La plateforme qu'il avait gagnée grâce à des recherches qui ont marqué l'époque a été érodée par l'expression répétée d'opinions scientifiquement ignorantes et carrément racistes. Les généticiens en avaient enfin assez. Mais pour quelques personnes fixées sur les questions de race et d'intelligence, leur colère s'est ravivée, et Watson est devenu un champion de la fausse persécution, un homme excommunié du domaine même qu'il a contribué à établir, pour avoir simplement dit la vérité. Sauf que ce n'était pas du tout la vérité. Au lieu de cela, c'était l'expression répétée d'un racisme assez peu original que tous ceux qui l'avaient rencontré ne connaissaient que trop bien : les Noirs sont paresseux, les Indiens sont industrieux, mais sans originalité, les Juifs sont intellectuellement supérieurs, autant de points de vue exprimés volontiers aux XIXe et XVIIIe siècles, lorsque les fondements du racisme scientifique étaient cimentés.

L'intelligence n'est pas une chose facile à définir. Les capacités cognitives couvrent un éventail de comportements, mais reflètent généralement l'aptitude à la raison, à la résolution de problèmes, à la pensée abstraite, à la capacité d'apprentissage, à la compréhension des idées, etc. Nous parlons ici de l'intelligence humaine, et elle dépasse donc le sens plus large de l'intelligence qui consiste à faire en gros la bonne chose au bon moment, ce qui pourrait être appliqué à d'autres animaux. Les abeilles et les fourmis adoptent toutes sortes de comportements essentiels adaptés à la résolution de problèmes, de la danse de navigation à la prise en charge de leurs morts, en passant par la culture de champignons nutritifs sur des feuilles soigneusement cultivées. Les abeilles sont objectivement meilleures que nous dans la fabrication du miel. Pourtant, elles sont très mauvaises aux tests de QI.

Les capacités cognitives, comme à peu près tous les traits humains, ne sont pas réparties de manière égale entre les personnes : quelle que soit la manière dont on l'évalue, certaines personnes sont plus intelligentes que d'autres. L'évaluation la plus fréquemment citée et la plus connue est le quotient intellectuel (QI). Il s'agit d'un test et d'une mesure qui existent depuis plus d'un siècle, et bien que les évaluations ne soient plus les mêmes que celles des premières incarnations de 1912, il en existe plusieurs versions, et elles sont standardisées pour inclure des tests de raisonnement, de connaissance, de vitesse de traitement mental et de conscience spatiale. Dans un test typique, vous rencontrerez des ensembles de formes dans des grilles de neuf, chaque ligne changeant une partie de la forme dans une séquence, et ensuite la neuvième case est manquante pour que vous puissiez la remplir à partir d'un choix multiple.

Le QI, indépendamment de ce qu'il mesure précisément, est un bien meilleur prédicteur de beaucoup plus de choses qu'un temps de sprint, et cela principalement parce que le QI a été testé et examiné pendant un siècle dans des milliers d'études. Ce seul fait en fait une mesure utile. Comme c'est souvent le cas dans le domaine scientifique, le QI a une grande valeur lorsqu'il s'agit de populations, et moins lorsqu'il est appliqué à des individus. On a demandé à Stephen Hawking, qui n'est pas connu pour être un imbécile, quel était son QI en 2004, ce à quoi il a répondu : « Les gens qui se vantent de leur QI sont des perdants ». Le président Trump, en revanche, parle fréquemment de son QI, déclarant notamment qu'il est supérieur à celui de ses deux prédécesseurs dans cet auguste siège du pouvoir. L'appartenance à des organisations prétendument prestigieuses comme Mensa utilise le QI comme critère d'entrée. Historiquement, le QI a été utilisé à des fins bien plus pernicieuses que l'adhésion à un club d'autosatisfaction, et cela explique en partie l'hostilité populaire envers cet outil scientifique valable. Aux États-Unis, dans la première moitié du XXe siècle, les tests de QI ont été appliqués dans le cadre de l'évaluation des politiques eugéniques des États, ce qui a entraîné la stérilisation forcée de plus de 60 000 personnes.

La façon dont les résultats des tests sont traités est que la moyenne est fixée à 100 points et que la fourchette de QI dans une population se situe dans ce que l'on appelle une « distribution normale », c'est-à-dire une courbe en cloche. Cela signifie qu'il y a un nombre égal de personnes au-dessus et en dessous de 100, et qu'environ deux tiers se trouvent dans une fourchette de quinze points de QI dans l'une ou l'autre direction. Environ une personne sur quarante est supérieure à 130 ou inférieure à 70. Le QI n'est cependant pas fixe au cours de la vie : les résultats tendent à se stabiliser avec l'âge, mais fluctuent fortement pendant l'adolescence. Il peut également être amélioré, de manière marginale, avec la pratique, notamment lorsque les écoles adoptent des stratégies d'enseignement différentes qui sont récompensées par des tests de QI standard. Cela n'est guère surprenant, car le QI est un test de compétences actuelles, qui sont développées, plutôt qu'une certaine puissance intellectuelle innée et immuable.

Le QI n'est pas non plus fixé dans le temps au sein des populations. Il existe un phénomène connu sous le nom d'effet Flynn. Le politologue James Flynn a observé que le QI des groupes testés augmentait en moyenne d'environ trois points par décennie à partir des années 1930. Plusieurs facteurs peuvent expliquer ce phénomène, notamment l'amélioration de la santé, de la nutrition, du niveau de vie et de l'éducation, mais les modifications génétiques ont été exclues. Comme cet effet est observé dans de nombreux endroits du globe et qu'il a été constaté en quelques années seulement, des changements génétiques importants ne peuvent pas s'être produits au sein d'une même génération ou entre générations.

Nous voyons également des versions de l'effet Flynn dans d'autres activités humaines. Les athlètes sont plus en forme qu'ils ne l'étaient dans le passé, à presque tous les égards. La grande équipe australienne de cricket, qui comptait des légendes comme Don Bradman, serait écrasée par l'actuelle équipe d'Angleterre B si elle se rencontrait à son meilleur niveau. Les équipes sportives sont-elles aujourd'hui génétiquement meilleures ? Non, mais à mesure que le sport s'est développé et est devenu plus sérieux et plus lucratif, les programmes d'entraînement, les équipements, l'alimentation, la forme physique et le professionnalisme ont tous influencé les normes de manière stratosphérique.

La valeur du QI pour la science est indéniable. Il est également bien corrélé, mais pas parfaitement, avec d'autres mesures des capacités cognitives qui sont souvent utilisées dans les études scientifiques, telles que les résultats scolaires (résultats aux examens) et la durée (combien de temps vous restez dans l'enseignement). Les personnes qui obtiennent de bons résultats aux tests de QI ont tendance, en moyenne, à vivre plus longtemps, à avoir de meilleures notes à l'école, à mieux réussir au travail et à avoir un revenu plus élevé.

Lorsqu'on examine les résultats des tests de QI dans le monde et entre différentes populations, le tableau est loin d'être clair, mais il existe des différences indéniables. Les méta-analyses les plus récentes suggèrent que les pays d'Afrique subsaharienne obtiennent probablement des résultats dans les années 80, par rapport aux normes de QI du Royaume-Uni, bien que ces résultats ne soient pas universellement acceptés. Il est évident que ce résultat est nettement inférieur. L'interprétation de ces résultats n'est pas facile du tout, et s'il n'est pas possible d'exclure totalement les facteurs génétiques, ceux-ci semblent peu probables en raison de l'immense diversité génétique qui est maintenant bien établie sur ce continent.

Ce sont plutôt les facteurs environnementaux qui expliquent le mieux cet écart. Les pays en développement ont un niveau de vie inférieur à celui des pays développés, ainsi que des systèmes d'éducation, des programmes de santé et des soins médicaux moins sophistiqués. Ce genre de choses n'est pas facile à quantifier, et les données sont rares, et la moyenne est insatisfaisante sur plusieurs pays africains, qui sont tous différents. Mais certains chercheurs en QI ont suggéré de manière crédible que le statut socio-économique de nombreux pays d'Afrique subsaharienne est similaire à celui des pays européens dans la première moitié du XXe siècle. En effet, les auteurs de la plus grande méta-analyse du QI dans cette région soulignent que si l'effet Flynn ne s'était pas produit aux Pays-Bas (par exemple), le QI national néerlandais serait actuellement comme dans les années 1950, c'est-à-dire environ quatre-vingts (par rapport à aujourd'hui). De même, une étude, qui n'est pas non plus universellement acceptée, a estimé que le QI national moyen de l'Irlande dans les années 1970 était d'environ quatre-vingt-cinq, mais qu'il est aujourd'hui de 100, soit le même qu'au Royaume-Uni. Là encore, ce changement, s'il est réel, s'est produit en l'espace d'une génération, de sorte que les gènes ne peuvent pas être le facteur déterminant. Au contraire, de profonds changements socio-économiques se sont produits en ce court laps de temps ; la santé et l'éducation se sont améliorées et ont fait l'objet d'investissements importants, et la vie agricole rurale a rapidement fait place à une culture urbaine et industrielle plus riche et plus complexe avec les médias de masse. On peut donc raisonnablement affirmer qu'une grande partie de la prétendue différence entre certains pays africains et européens peut être attribuée au fait que l'effet Flynn ne s'est pas produit partout, et surtout pas dans certains pays africains. Si les facteurs qui ont entraîné une augmentation du QI moyen dans certaines populations comprennent une meilleure nutrition, des soins de santé et une meilleure éducation, il est plausible que ces facteurs ne se soient pas améliorés suffisamment pour combler entièrement l'écart. Le QI étant un indicateur prévisionnel très fiable des questions liées à la qualité de vie, il est important de comprendre la science qui sous-tend ces éléments.

Nous apprenons de nos familles, nous héritons des gènes de nos parents. Les personnes qui vivent près de nous ont tendance à être plus proches les unes des autres que des inconnus. Les politiques sociales opèrent au niveau national et, combinés, ces facteurs réduisent l'influence géographique sur la façon dont toute caractéristique humaine est transmise à travers le temps.

L'intelligence est hautement héréditaire. C'est une phrase apparemment simple à dire, mais en ces quatre mots se trouve l'une des sciences les plus difficiles et les plus incomprises que nous ayons jamais essayées. En gros, cela signifie qu'une part importante de la différence que nous constatons entre les gens est due à l'ADN.

Le terme « héréditaire » est un misérable morceau de jargon, car il ne signifie pas ce qu'il semble être. Héréditaire ne signifie pas qu'un trait est en grande partie génétique et qu'il est en grande partie lié à l'environnement — la nature et l'éducation. Voici un autre exemple : disons que tous les humains naissent avec dix doigts, cinq sur chaque main. À la naissance, il n'y a pas de variation dans le nombre de doigts, ce qui signifie que ce trait est entièrement déterminé par des causes génétiques innées. Mais beaucoup d'adultes ont moins de dix doigts, car ils peuvent les avoir perdus lors d'un accident. La variance du nombre de doigts à l'âge adulte est donc entièrement déterminée non par les gènes, mais par l'environnement, et l'héritabilité du nombre de doigts chez les adultes est donc très faible, proche de 0 %.

C'est une version extrême pour illustrer ce point, mais presque tous les traits sont héréditaires à un certain degré. Les capacités cognitives, quelle que soit la mesure utilisée, ne sont pas différentes : les niveaux d'intelligence innée sont hautement héréditaires. La tabula rasa — l'idée que nous sommes nés avec une ardoise vierge sur laquelle nos capacités et nos personnalités sont dessinées — n'est pas correcte. Et nous le savons depuis des décennies. Les estimations varient selon les études, mais la proportion des capacités cognitives qui peuvent être attribuées à la génétique plutôt qu'à d'autres choses se situe entre 40 et 60 %. Cela signifie qu'environ la moitié des différences que nous constatons sont dues à des différences dans l'ADN. Ces résultats ne sont pas particulièrement nouveaux, ni très controversés : l'ardoise n'est pas vierge — elle est partiellement incomplètement écrite à la conception avec l'ADN de vos ancêtres.

Les calculs sur les capacités cognitives ont toujours été effectués à l'aide de techniques qui incluent l'outil expérimental le plus utile de la nature : les jumeaux. Les jumeaux identiques ont un ADN (presque) exactement identique, de sorte que toute différence entre eux dans un comportement quelconque devrait être due à l'alimentation et non à la nature. Les jumeaux identiques qui ont été séparés à la naissance sont une autre version de cet outil, car ils auront été élevés dans des familles différentes. Mais ces méthodes présentent des limites et des complications, qui ne sont certainement pas rédhibitoires, mais qu'il convient de garder à l'esprit : les jumeaux séparés à la naissance sont susceptibles d'être élevés dans des familles de populations similaires, dans les mêmes pays, et bien sûr, en même temps, ce qui signifie que les différences environnementales ne sont pas forcément radicales. Les jumeaux identiques partagent deux fois plus d'ADN que les frères et sœurs, mais comme les frères et sœurs et les jumeaux partagent leur environnement, l'héritabilité des traits chez les jumeaux identiques n'est pas le double de celle des frères et sœurs non identiques. Compte tenu de ces lacunes, et d'autres encore, les études sur les jumeaux constituent toujours un élément valable et important pour comprendre l'héritabilité de l'intelligence.

À l'ère moderne, nous recherchons maintenant les différences génétiques réelles qui sont en corrélation avec des traits complexes. Nous pouvons parcourir les génomes de centaines de milliers de personnes et rechercher de légères variations dans le code génétique, et essayer de déterminer si elles semblent se regrouper avec des comportements particuliers. Ces études sont appelées Genome Wide Association Studies, ou GWAS (prononcer gee-waz). Depuis leur invention et leur déploiement en 2005, les GWAS sont devenues un pilier de la génétique.

La grande révélation du Projet du génome humain est que nous n'avons pas beaucoup de gènes codant pour des protéines, moins qu'une puce d'eau, un ver rond ou une banane. Le nombre de gènes humains est d'environ 20 000 (selon la définition qu'on en donne). Cela signifie que le modèle traditionnel de « un gène pour un trait », adopté par de nombreux généticiens, s'est effondré. Au lieu de cela, depuis une quinzaine d'années, nous avons construit un nouveau modèle de fonctionnement de la génétique en nous, et une partie de cette révélation est que les gènes uniques font souvent beaucoup de choses dans le corps à des moments différents. Les gènes fonctionnent en réseaux, en cascades et en hiérarchies. Ainsi, pour les caractéristiques qui peuvent être résumées en une simple mesure — la taille, la couleur des yeux ou de la peau — ce que nous constatons par le biais de la GWAS est qu'une poignée, des douzaines ou même des centaines de gènes jouent un rôle petit, mais cumulatif.

Le QI est un nombre unique, mais l'intelligence n'est pas une chose unique, et la composante génétique de l'intelligence n'est pas un gène unique. Les études les plus récentes identifient des dizaines de variantes génétiques qui sont en corrélation massive avec de meilleurs résultats dans les tests cognitifs. Ces différences concernent des gènes que nous possédons tous, et la variance cumulative semble être la chose qui est en corrélation avec les performances dans les tests. Le nombre de gènes impliqués est susceptible d'augmenter à mesure que la résolution du génome devient plus fine et que la taille des échantillons augmente.

Selon nos nouvelles connaissances, les gènes humains font souvent beaucoup de choses dans de nombreux tissus ; les gènes impliqués dans le métabolisme pourraient être actifs dans des cellules de différents tissus tout autour du corps. Étant donné les exigences métaboliques intenses que les 80 milliards de cellules de notre cerveau exercent lorsqu'elles pensent, font et, en général, maintiennent une âme vivante, il n'est pas du tout surprenant que des milliers de gènes soient impliqués.

Nous ne savons pas ce que font la plupart de ces gènes, du moins au niveau de la précision moléculaire. Nous ne savons pas non plus ce que de légères variations de ces gènes pourraient affecter notre cerveau ou notre comportement. Le A de GWAS signifie Association, ce qui signifie que les études révèlent des corrélations statistiques et que les mécanismes de ce qui est étudié restent anonymes. Une GWAS plante un drapeau dans la carte du génome humain qui dit que quelque chose d'intéressant se passe ici, mais que nous ne savons pas ce que c'est. Ces inconnues n'invalident ni la méthode ni les résultats — un scalpel est un outil de précision essentiel pour anatomiser un cœur, mais il ne vous dira pas ce qu'un électrocardiogramme est censé faire. Il est tout à fait probable que nombre des différences observées dans l'ADN codent des modifications subtiles et peu informatives de l'activité d'une protéine.

La compréhension de la génétique des populations est cependant importante pour les arguments scientifiques sur la race. Pour les traits humains vraiment complexes, où des milliers de différences minuscules semblent avoir des effets faibles, mais cumulatifs, leur agrégation nous aide à mettre en commun l'influence génétique. C'est ce que l'on appelle le score de risque polygénique (PRS). C'est une mesure qui nous permet d'estimer la base génomique totale d'un trait : lorsque le résultat d'une ERMG est constitué de nombreux gènes, il est pratique de totaliser leurs effets. C'est un instrument puissant, et un ajout précieux à la boîte à outils du scientifique. Les scores de polygénicité nous aident à comprendre la génétique de n'importe quel trait humain, y compris les maladies complexes, bien qu'ils ne soient pas encore suffisamment détaillés pour justifier une intervention clinique.

Les GWAS et les PRS sont des outils vraiment brillants qui ont complètement transformé le domaine de la génétique humaine. Cela ne signifie pas qu'ils sont infaillibles en tant qu'outils, ni qu'ils sont toujours les plus appropriés. Les scores polygènes affirment avec force que l'intelligence est héréditaire au sein d'une population. Mais c'est un outil qui n'est pas particulièrement apte à disséquer les différences entre les populations. Ainsi, lorsque nous constatons des scores de QI différents dans des populations différentes, et que nous savons que l'héritabilité de l'intelligence est élevée (plus de 50 %), cela ne signifie pas nécessairement que les différentes variantes d'ADN expliquent les différences entre les populations. Il serait parfaitement possible que deux populations présentant des ensembles différents de différences génétiques obtiennent les mêmes scores de QI.

Mettons de côté les difficultés paralysantes que pose la description de populations comme distinctes, discrètes ou comme des races, comme nous l'avons longuement évoqué plus haut dans cet ouvrage. Noir n'est pas un terme taxonomique qui décrit utilement les variations génomiques, phénotypiques ou géographiques observées chez les Noirs, bien que nous puissions prédire avec un degré croissant de certitude d'où provient une partie de l'ascendance d'une personne sur la base de son ADN. La judaïcité est un type différent de groupement ethnique et culturel, et a une histoire inhabituelle, due à des millénaires de persécution, de multiples diasporas et de migrations forcées à travers l'Europe et au-delà. Les personnes qui s'identifient culturellement comme Juifs ashkénazes portent une signature génétique qui suggère largement, mais pas exclusivement, une ascendance juive.

Environ un tiers des Juifs sont ashkénazes, ce qui est le groupe le plus susceptible d'être associé au succès dans ces poursuites intellectuelles, et constitue la plus grande proportion de Juifs américains. Il y a environ 11 millions de Juifs ashkénazes en vie aujourd'hui, mais leur histoire est loin d'être claire. Les Ashkénazes sont apparus en Europe centrale au Moyen-Âge, bien que les dates et lieux plus précis soient flous. Les migrations en provenance du Moyen-Orient et vers l'Europe centrale semblent jouer un rôle important dans le développement des Ashkénazes en tant que groupe culturel distinct au sein du judaïsme, en particulier en Allemagne du Sud, en Italie et en France ; dans certains de ces endroits, à l'époque médiévale, le port de l'insigne jaune était obligatoire pour identifier les Juifs. Les expulsions de ces pays et de la Grande-Bretagne ont également contribué à la poussée des Juifs ashkénazes vers l'est, en Pologne et en Prusse. Ces centres de populations juives étaient relativement stables et allaient constituer la base de la majorité des 6 millions de Juifs systématiquement assassinés pendant l'Holocauste. À la suite de ce génocide, les Ashkénazes ont migré vers de nombreux pays, dont les États-Unis et le Canada, et vers Israël, où ils constituent environ la moitié de la population juive.

Une partie de cette histoire inhabituelle comprend des pratiques et des restrictions imposées aux Juifs par les personnes au pouvoir qui ont concentré une grande partie de leur culture professionnelle sur les affaires et le commerce. Cela, combiné à un degré présumé relativement élevé de mariage au sein du même groupe social, constitue la base des tentatives d'explication de la réussite intellectuelle observée des Juifs ashkénazes. L'argument général suggère que la sélection artificielle de gènes concordant avec les capacités cognitives s'est enrichie du fait de l'histoire inhabituelle des Juifs, et que cette sélection génétique explique leur succès relatif. En conséquence, il y aurait une prédisposition génétique non seulement pour les grands succès aux extrêmes des capacités intellectuelles — un nombre disproportionné de lauréats du prix Nobel, de maîtres d'échecs, de violonistes de premier plan, de mathématiciens — mais aussi plus généralement. Selon certaines études, les Juifs obtiennent des résultats nettement plus élevés aux tests de QI, ce qui est une moyenne de la population plutôt que le résultat de valeurs aberrantes extraordinaires.

Bien que l'antisémitisme soit vieux de plusieurs milliers d'années et que les associations juives avec les activités intellectuelles soient vieilles de plusieurs siècles, une grande partie du discours actuel sur les capacités cognitives juives supposées innées provient d'une seule étude réalisée en 2006. Dans un article qui a eu une influence considérable — et a suscité un grand intérêt — Gregory Cochran, Jason Hardy et Henry Harpending ont suggéré que l'histoire des Juifs ashkénazes en Europe a eu pour effet d'enrichir les gènes associés à l'intellect.

Ils proposent un certain nombre de facteurs propres à l'histoire des Juifs (et plus particulièrement des Ashkénazes) qui ont créé ces conditions favorables à la sélection intellectuelle. Il s'agit notamment de comportements sociaux, comme l'endogamie, c'est-à-dire qu'ils se sont pour la plupart croisés, ce qui a créé un pool de gènes favorable à la sélection naturelle. Et « ils avaient des emplois dans lesquels l'augmentation du QI favorisait fortement la réussite économique, contrairement aux autres populations, qui étaient pour la plupart des paysans ». Le document suggère également de « vanner par la persécution » — d'une manière ou d'une autre, les actes d'oppression et de tyrannie ont permis la survie des plus intelligents. Cependant, les auteurs de l'article indiquent clairement qu'ils ne peuvent pas expliquer comment cela fonctionnerait, car aucun effet de ce type n'est observé chez d'autres personnes persécutées. Je trouve très étrange que vous incluiez de telles suppositions dans une étude scientifique. En réponse à l'affirmation selon laquelle les professions impliquant le commerce requièrent un niveau d'intelligence élevé, je n'ai pas connaissance de preuves solides selon lesquelles le succès dans les affaires est lié à une intelligence nettement supérieure à la moyenne. Cochran et al. décrivent le prêt d'argent et d'autres formes de commerce qui sont présumées être la chasse gardée des Juifs comme des « emplois cognitivement exigeants » et que « le créneau ashkénaze était si spécifiquement exigeant en matière de comptabilité et de gestion ». Présenter cela comme une preuve me semble également assez sommaire. Le prêt d'argent médiéval n'est pas vraiment une science exacte et ce n'est certainement pas une chirurgie cérébrale médiévale.

Ils citent également des facteurs biologiques spécifiques et des « effets physiologiques qui pourraient accroître l'intelligence ». Dans les temps anciens, en 2006, nous en savions moins qu'aujourd'hui sur les neurosciences et sur les liens entre la biochimie cellulaire et la pensée et l'action, mais pas beaucoup moins. Les neurosciences sont un domaine dynamique, mais la vérité est que nous n'avons encore que très peu d'idées sur la façon dont la croissance et la connectivité neuronales sont liées à la cognition. Si j'ai réussi à vous convaincre que la génétique est d'une complexité déconcertante, appliquez cela au développement du cerveau physique et à la nature ésotérique de la pensée, et vous vous trouverez face à l'une des grandes frontières de la science. On suggère que certains gènes de maladie ont des effets spécifiques sur la croissance des neurones, d'une manière qui pourrait améliorer le QI. Mais cela reflète une vision profondément simpliste du développement neurologique.

Cette spéculation neurobiochimique n'était qu'une des défenses. La majeure partie était le taux élevé de certaines maladies chez les Ashkénazes. Il s'agit notamment de maladies telles que la maladie de Tay-Sachs, la maladie de Gaucher et la maladie de Nieman-Pick.

Le modèle qu'ils copient est celui de la drépanocytose, une terrible maladie récessive qui réduit la durée de vie, ce qui signifie que quelqu'un doit avoir hérité de deux copies — une de chaque parent — du gène muté pour être atteint de cette maladie. Lorsqu'une personne hérite d'une copie du gène muté, on parle de drépanocytose, qui est loin d'être aussi grave que la drépanocytose, bien qu'elle présente encore certains symptômes associés. Cette maladie est souvent considérée comme spécifique aux personnes noires, et donc comme un exemple de la façon dont la biologie récapitule la race. Mais ce n'est pas le cas. La drépanocytose a pour effet de protéger contre la malaria, mais le prix de cette protection est une maladie terrible. Son existence ne correspond pas à l'ethnicité, mais à la répartition géographique du paludisme, car ils ont évolué côte à côte. Elle est en effet courante chez les personnes d'ascendance africaine récente, mais seulement chez celles dont la descendance cohabite avec les zones de paludisme, ce qui représente une tranche au milieu du continent africain. De même, la drépanocytose et ses caractéristiques existent à une fréquence élevée en Grèce, en Turquie, au Moyen-Orient et en Inde, selon un schéma qui reflète l'étendue du paludisme.

La suggestion de Cochran et al. est que le coût de la sélection des gènes impliqués dans les prouesses intellectuelles est une fréquence élevée d'une poignée de maladies qui pourraient être importantes dans le cerveau. Comme les porteurs des gènes de la maladie sont présents à des fréquences mesurables dans la population avec peu d'effet sur la maladie, il est suggéré que ces variantes génétiques sont la preuve d'une base génétique pour une amélioration de l'intellect.

Elles renforcent encore leur argument en suggérant que les maladies supposées juives sont celles qui sont liées à un type spécifique de biochimie appelé stockage des lysosomes. La maladie de Tay-Sachs est une terrible maladie qui est mortelle pour les enfants à l'âge de trois ans et qui implique une dégénérescence neurale rapide. Elle a été initialement identifiée dans des familles juives et s'est manifestée à une fréquence élevée chez les Juifs, mais pas exclusivement. Mais cette occurrence a été jugulée grâce à l'avis concerté et prudent d'experts sur le fait d'être dans des catégories à haut risque — le conseil génétique — ce qui a radicalement réduit la fréquence des gènes de la maladie chez les Juifs. La Nieman-Pick est généralement mortelle dix-huit mois après la naissance, et se caractérise également par une dégénérescence neurologique ; parmi les différents types de Nieman-Pick, l'un d'entre eux est le plus courant chez les Ashkénazes. La maladie de Gaucher est beaucoup moins grave et peut avoir un léger effet neural. Elle est relativement courante chez les Juifs, mais pas exclusivement.

D'autres études n'ont montré aucun signe de sélection pour les gènes de la maladie. Au contraire, la nature des mutations dans ces gènes a suggéré ce que l'on appelle des événements fondateurs, c'est-à-dire de nouvelles mutations qui se fixent dans une population, notamment en raison de degrés plus élevés de mariage au sein d'une même famille. C'est un phénomène courant dans les petites populations isolées. La complexité des arguments pour et contre les avantages intellectuels potentiels de ces conditions génétiques particulières est un désordre total, en termes d'études différentes plaidant en faveur de la sélection, contre la sélection, ou pour les effets fondateurs, les goulots d'étranglement génétiques, ou la dérive neutre, où les modifications de l'ADN ne sont ni bénéfiques ni nuisibles. Cochran et al. suggèrent d'autres gènes ou morceaux d'ADN qui pourraient être impliqués dans la promotion de la croissance des neurones ou des dendrites qui se développent à partir de ceux-ci et se relient à d'autres cellules du cerveau.

Ils ne le savaient pas au moment de la rédaction de leur article, mais nous savons maintenant que les gènes associés à la capacité intellectuelle sont innombrables et d'un effet cumulatif très faible, mais cumulatif — des pixels sur un écran colossal. Parmi les gènes identifiés jusqu'à présent (et n'oubliez pas que si nous savons que ces gènes sont importants, nous ne savons pas ce qu'ils font, et donc pourquoi ils sont importants), beaucoup sont exprimés dans le cerveau (comme le sont d'ailleurs des milliers de gènes), et pourraient donc avoir un effet direct sur l'intellect. Il existe des bases de données qui répertorient des centaines de résultats de l'étude GWAS et des milliers de gènes. Vous pouvez entrer un gène et demander à la base de données d'en extraire les études qui indiquent que le gène est associé à l'un des dizaines de types de traits, de la taille à la mortalité en passant par les os, ainsi qu'à des caractéristiques cognitives et neurologiques. J'ai vérifié les bases de données actuelles pour les gènes de maladies qui, selon Cochran et al., pourraient être à l'origine de la sélection des intelligences juives, pour voir si, au moment où j'écris ces lignes, ils sont associés au cerveau ou aux capacités cognitives. Le résultat ? Aucun d'entre eux ne le fait.

La spéculation est parfois une partie importante de la science. Essayer d'imaginer une explication à une observation peut être une manière productive d'affiner une question scientifique en l'absence de données qui l'expliquent. Mais pas dans ce cas. Ce document a un écho retentissant et continue à favoriser l'influence et la discussion. Il a été défendu par le rédacteur scientifique du New York Times de l'époque, Nicholas Wade, dans de nombreux articles et, par la suite, dans un livre qui a été presque universellement tourné en dérision par la communauté génétique, qui l'a qualifié d'erreur répandue et spécieuse, mais célébrée par les racistes. Le célèbre psychologue Jordan Peterson a cité sans critique les travaux de Cochran en février 2019, lorsqu'il a écrit sur le succès disproportionné des Juifs dans les poursuites intellectuelles.

Le sentiment de Mark Twain sur le succès disproportionné des Juifs semble vrai, mais si nous cherchons une base biologique à cela dans les domaines culturels qui nécessitent des cerveaux intelligents, les chiffres n'ont plus de sens. Les Juifs représentent un nombre énorme de maestros, de solistes, de chefs d'orchestre et de musiciens classiques dans les meilleurs orchestres. Nombre des plus grands violonistes sont juifs : Yehudi Menuhin, Itzhak Perlman, Isaac Stern, Jascha Heifetz, et ils côtoient Felix Mendelsohn, Gustav Mahler, Arnold Schoenberg, Leonard Bernstein, András Schiff, Daniel Barenboim et une foule d'autres interprètes et compositeurs. Le talent musical est plus difficile à évaluer en une seule mesure que l'intelligence, bien que, comme toujours, il y ait des facteurs génétiques et environnementaux dans l'accomplissement musical. Mais les chiffres ne mentent pas : il n'y a en effet pas de grands compositeurs noirs de musique classique et peu de membres noirs des orchestres d'élite.

La musique classique est dominée par les Blancs, et les Juifs ont un succès disproportionné dans ce domaine. Pourtant, le jazz a été historiquement dominé par les musiciens noirs. Y a-t-il quelque chose dans le jazz qui soit si intrinsèquement différent de la musique orchestrale qu'il faille s'en occuper par différence biologique ?

Non, et les personnes sensées ne font pas valoir cet argument. Mais il existe un mythe commun selon lequel les Noirs ont des capacités musicales innées : le « rythme naturel », d'où le stéréotype. Cette affirmation populaire du talent inné — c'est-à-dire encodé dans l'ADN — tombe au moindre obstacle. Le jazz, comme le hip-hop, est un genre musical qui a émergé, au moins en partie, comme une sous-culture révolutionnaire, séparée et défiant les styles musicaux eurocentriques et américains blancs dominants de l'époque. Tous deux sont devenus extrêmement populaires et ont connu des transitions vers la culture dominante, bien qu'ils aient été craints et poursuivis comme dangereux par les autorités dès leur création. Il serait incroyablement facile de montrer une corrélation profondément forte entre les principaux artistes hip-hop et les gènes de la pigmentation. Le hip-hop reste très largement dominé par les artistes noirs, bien qu'Eminem soit assez bon. Nous pourrions faire une GWAS sur les rappeurs et trouver des corrélations avec les gènes associés au fait d'être afro-américain. Faut-il croire que l'aptitude génétiquement codée au talent musical s'étend uniquement aux styles musicaux dans lesquels les Noirs excellent, plutôt qu'aux styles musicaux dans lesquels ils sont absents ? Non, parce que les associations génétiques entre l'aptitude musicale et l'ethnicité ne sont pas liées et que les différences de population dans les styles musicaux ne peuvent être qu'un phénomène culturel.

Tout comportement humain est un mélange capiteux de gènes et de culture, de biologie et d'histoire. On n'en sait pas assez sur la génétique ou les capacités cognitives pour faire des déclarations définitives sur la sélection évolutive des gènes qui mettent en valeur les expressions les plus sophistiquées et les plus élégantes de l'humanité. Il est possible qu'il y ait un coup de pouce génétique dans cette direction, bien que peu probable sur la base des données actuelles, et il y a très peu de preuves pour soutenir cette idée. Au contraire, pour certains qui prétendent n'être qu'à la recherche de la vérité, c'est une idée suffisamment séduisante pour justifier un soutien sans fin. À mon avis, l'engagement dans ces spéculations en dit plus sur les personnes qui défendent ces opinions avec tant de ténacité que sur les Juifs, les Noirs ou tout autre groupe ethnique. Certains des scientifiques et des idéologues racistes sont de véritables racistes, d'autres sont simplement des opposants ou des sceptiques convaincus d'avoir mis au jour des connaissances secrètes qui ont été étouffées par une majorité conspiratrice.

L'argument selon lequel la présence de troubles cérébraux à haute fréquence chez les Juifs ashkénazes pourrait expliquer l'enrichissement des gènes qui stimulent le cerveau est une conjecture floue, et peut être abandonné avec les données actuelles à portée de main. Le « vannage par la persécution » n'est également qu'une spéculation oiseuse, et n'a pas sa place dans un article scientifique décent. Il s'agit de versions un peu plus sophistiquées du crime évolutif que nous appelons adaptationnisme — l'hypothèse selon laquelle la sélection naturelle est responsable de comportements humains spécifiques, plutôt que de circonstances ou de processus qui ne sont ni positifs ni négatifs, mais qui ont simplement dérivé vers l'existence. À l'ère de la génomique, nous sommes capables de voir les parties du génome où la sélection a eu lieu, et il existe des mutations spécifiques à la population qui indiquent une sélection positive de gènes particuliers comme adaptations à l'environnement local. La pigmentation, les régimes alimentaires spécifiques, la résistance aux maladies (comme la malaria) et d'autres caractéristiques sont manifestement des adaptations locales qui font partie du succès de l'humanité dans la colonisation du monde. L'adaptationnisme est une erreur, car, dans de nombreux cas, il aboutit à des hypothèses non vérifiables, mais qui sont séduisantes parce qu'elles semblent superficiellement convaincantes — les noirs sont de bons sprinters grâce à la sélection pratiquée pendant l'esclavage ; les juifs sont doués intellectuellement parce que leur histoire de persécution a enrichi les gènes associés au cerveau.

Les preuves de la sélection de gènes pour l'intellect chez les Juifs sont faibles. N'est-il pas simplement plus parcimonieux sur le plan scientifique de suggérer qu'une culture qui valorise l'érudition est plus susceptible de produire des érudits ? L'immense valeur intellectuelle accordée aux traditions de l'érudition talmudique des yeshivot a commencé au Moyen-Âge et continue jusqu'à nos jours, et est sans doute sans parallèle. Tout comme une société qui prône la course à pied sur de longues distances comme voie de la réussite économique et culturelle, avec des coureurs très performants déjà en place, une multitude les poursuivra.

En théorie, un attribut positif, une histoire évolutive qui a fomenté le succès intellectuel et commercial est une partie importante des tropes standards et de longue date de l'antisémitisme. Mais l'argument est rivalisé avec les tropes antisémites qui sont ahistoriques. Le prêt d'argent est un stéréotype courant, notamment à cause de la chyche de Shakespeare. En fait, le prêt d'argent était un commerce extrêmement limité dans le temps et l'espace au sein de la culture juive en Europe, et à la fin du XVe siècle, il avait largement disparu des populations juives. Pourtant, la spéculation scientifique de Cochran et al. implique que le sens des affaires et des finances a été le moteur de l'évolution du cerveau juif.

Vague après vague, l'antisémitisme sinistre devient de plus en plus courant en public. Des profanations de tombes juives et des graffitis à croix gammée ont été signalés dans la presse en 2019 dans toute l'Europe. Les tenants de la suprématie blanche à Charlottesville ont scandé « Les Juifs ne nous remplaceront pas » en 2018. En Grande-Bretagne, nous sommes actuellement en proie à l'antisémitisme, notamment autour de l'aile gauche du parti travailliste, l'un des deux principaux partis politiques. Sept membres du Parlement ont démissionné du parti travailliste en février 2019, principalement en raison de l'incapacité du parti à faire face à l'antisémitisme rampant dans ses rangs. Il s'agit là de la question déterminante pour le parti travailliste dans l'ère actuelle. L'antisémitisme est l'une des seules formes de bigoterie raciale qui s'élève vers le pouvoir perçu, ce qui alimente une partie de son existence continue au sein de la pensée de gauche. Au-delà de ces politiques grotesques, les stéréotypes de l'antisémitisme sont basés sur un pouvoir, une richesse, une avidité et une influence disproportionnés, en particulier dans les médias, le commerce et la politique. La base évolutive du succès intellectuel juif ne fait qu'alimenter l'identification systématique et historique des Juifs comme étant séparés, différents et puissants. Le fait que le succès disproportionné des Juifs soit affirmé comme inné et qu'il ait évolué jusqu'à leur existence même peut être utilisé comme un moyen de différencier un peuple en tant qu'ennemi. Le fait qu'il soit présenté comme un trait accompagnant une malédiction de maladie génétique n'est rien d'autre qu'une fiction non scientifique.

Génétique, race, intelligence : le mariage de ces trois concepts n'apporte pas de réponses satisfaisantes. Ils ne se recoupent pas non plus de manière informative : les variations génétiques chez les personnes ne correspondent pas aux descriptions populaires de la race ; les populations, les pays et les continents présentent d'énormes différences dans les scores moyens de QI, mais une explication génétique peine à rendre compte des différences ; l'intelligence est héréditaire, mais nous comprenons mal la génétique qui sous-tend les performances cognitives. Il existe des différences génétiques entre les populations, que nous pouvons mesurer, mais nous ne savons pas ce qu'elles font. Dans les études que nous avons menées jusqu'à présent, la nature de ces différences reflète des histoires ancestrales différentes plutôt que des phénotypes spécifiques.

Il ne s'agit pas de sensibilités libérales, mais simplement de ce que disent les données, lorsque l'on applique un examen scientifique. La science est toujours provisoire, et sujette à révision lors de la découverte de nouveaux faits. Peut-être qu'à l'avenir, des modèles apparaîtront dans les outils génomiques de plus en plus précis que nous inventons, mais il semble peu probable, à l'extrême, que notre compréhension actuelle des relations entre race, génétique et intelligence subisse une révision radicale.

Il peut sembler étrange qu'un généticien veuille minimiser l'importance des gènes, mais le fait est que nous sommes des êtres sociaux qui ont déchargé une grande partie de notre comportement de notre matériel corporel vers nos logiciels culturels, et nulle part ailleurs cela n'est plus apparent que dans notre intelligence. Aucune vérité secrète n'attend d'être révélée, aucune grande conspiration du silence de la part des généticiens. Les gens naissent différents, avec des capacités et des potentiels innés différents. La façon dont ces capacités se regroupent au sein des populations et entre elles ne s'explique pas facilement par la biologie fondamentale, par la génétique. Au lieu de cela, lorsque l'on fouille dans les données du mieux que l'on peut, les réponses ne se trouvent pas dans l'ADN, mais dans la culture.

CONCLUSION

Nous sommes nés avec des différences codées dans nos cellules. Les gens naissent différents, ont une apparence différente et se comportent différemment. Nous avons des caractéristiques innées inscrites dans notre ADN. Ces différences varient d'une personne à l'autre, et d'une population à l'autre. Mais, comme nous l'avons vu, la façon dont nous parlons généralement des races ne correspond pas à ce que nous savons de ces différences innées entre les personnes et les populations. La génétique et l'histoire de l'évolution de l'homme ne soutiennent pas les concepts traditionnels ou familiers de la race. Voici un récapitulatif des points clés :

- Les variations humaines sont réelles : les adaptations locales dans notre passé évolutif expliquent une grande partie des différences physiques que nous constatons dans les populations vivantes, mais certainement pas toutes.
- La prédominance de la couleur de la peau en tant que classificateur racial est basée sur une pseudoscience historique principalement inventée pendant les années de construction de l'empire européen et d'expansion coloniale.
- Les principales caractéristiques physiques de la race ne sont pas représentatives des similitudes ou des différences globales entre les personnes et les populations.
- Nous constatons un large regroupement géographique des personnes et des populations sur la base de

marqueurs génétiques échantillonnés, mais les frontières sont floues et continues.
- Les concepts de pureté raciale sont ahistoriques et pseudo-scientifiques. Les gens se déplacent et se reproduisent avec une grande vigueur, et le mélange entre des populations différentes et auparavant séparées est la norme. C'est la raison pour laquelle les humains ont tant de succès.
- — Les différences génétiques entre les populations n'expliquent pas les différences de performances académiques, intellectuelles, musicales ou sportives entre ces populations.
- La race est une construction sociale. Cela ne signifie pas qu'elle est invalide ou sans importance. Les humains sont des animaux sociaux, et la façon dont nous nous percevons les uns les autres est d'une importance capitale. Mais cela signifie que l'utilisation familière de la race est une taxonomie qui n'est pas étayée par notre compréhension de la biologie fondamentale, c'est-à-dire la génétique et l'évolution.

Les gens qui s'attachent à trouver les bases biologiques des différences raciales semblent plus intéressés par le racisme que par la science. Les arguments des médias sociaux en ligne semblent impliquer des personnes pour qui les démonstrations de différences génétiques ou comportementales, qui sont la preuve de catégories raciales, sont la passion absorbante de leur vie ; ce sont des personnes qui sont revigorées par l'animosité. Il est difficile de s'y retrouver dans ce paysage, car la grande majorité des scientifiques ont abandonné la validité scientifique de la race il y a de nombreuses années et, par conséquent, très peu de personnes en génétique étudient les questions spécifiquement raciales. Il ne reste que les personnes figées, comme si elles avaient des connaissances secrètes que nous avons supprimées pour des raisons idéologiques.

La science devrait en principe être exempte de préjugés, et nous devrions être guidés par les données, et non par nos préjugés politiques.

Nous célébrons le fait que la science est une entreprise fondée sur les connaissances du passé, avec la maxime suivante : « Nous voyons plus loin en nous tenant sur les épaules des géants ». Nous devons également être conscients des siècles de pseudoscience perpétrés par des hommes de pouvoir sur les épaules desquels nous nous tenons également, car leurs idées ont traversé le temps et persistent encore aujourd'hui dans la science et la société, aussi offensantes, dépassées ou absurdes soient-elles. La douce ironie est que toute la science de la génétique humaine a été fondée par des racistes à une époque de racisme, et qu'elle est singulièrement devenue le domaine qui a démontré la fausseté scientifique de la race. Par conséquent, les fondements du racisme ne peuvent pas être tirés de la science.

Mais les scientifiques ne sont qu'un rouage dans le cadre du racisme structurel qui imprègne notre société. Le petit nombre de chercheurs marginaux qui continuent à poursuivre une base biologique de la race et les extrémistes marginalisés sous la forme de nationalistes blancs sont des ennemis qui méritent d'être confrontés, car leurs voix peuvent avoir pour effet de normaliser les attitudes racistes parmi le grand public. Les préjugés font naturellement partie de la condition humaine, et une grande partie de la science qui sape la biologie de la race peut aller à l'encontre de votre expérience, qui se situe aux côtés de tous ces préjugés historiques qui sont ancrés dans notre culture.

Il nous incombe à tous de faire face au racisme où qu'il se trouve, surtout lorsqu'il est dissimulé ou normalisé par des stéréotypes et des mythes, et la science est une arme dans ce combat. L'universitaire et activiste politique Angela Davis a déclaré que « dans une société raciste, il ne suffit pas d'être non-raciste, nous devons être antiracistes ».

Le racisme est mauvais parce qu'il est un affront à la dignité humaine. Les droits des personnes et le respect que l'on doit aux individus à force d'être une personne ne sont pas fondés sur la biologie. Ce sont des droits de l'homme. Hypothétiquement, s'il y avait des différences génétiques entre les populations que nous n'avons pas encore trouvées, et que celles-ci correspondent aux définitions populaires de la race, le fait que nous ne les ayons pas trouvées signifie qu'elles sont au mieux minuscules. Si ces choses étaient vraies — et rien ne prouve qu'elles le sont — cela aurait-il un impact sur la façon dont nous devrions nous traiter les uns les autres ? Si la science devait montrer qu'il existe des différences génétiques qui correspondent à l'usage que nous faisons des termes de race, et que ces différences tiennent également compte des différences de capacités perçues, cela justifierait-il la ségrégation ? Accorderiez-vous aux gens des droits différents s'ils sont ancestraux plus rapides, plus brillants ou plus forts ?

Les différences imaginées entre les individus et entre les populations ont été utilisées pour justifier les actes les plus cruels de notre courte histoire. Les préjugés acquis alimentent le sectarisme, qui va inévitablement se poursuivre. Ce qui est important pour la science, c'est que nous reconnaissions et étudiions la réalité de la diversité biologique afin de la comprendre et, par conséquent, de lutter contre sa batardisation.

La race est réelle parce que nous la percevons. Le racisme est réel parce que nous le mettons en œuvre. Ni la race ni le racisme n'ont de fondement scientifique. Il est de notre devoir de contester la déformation de la recherche scientifique, surtout si elle est utilisée pour justifier des préjugés. Si vous êtes raciste, alors vous demandez qu'on vous combatte. Mais la science est mon alliée, pas la vôtre, et votre combat n'est pas seulement avec moi, mais avec la réalité.

RÉFÉRENCES

Kehinde Andrews, « From the 'Bad Nigger' to the 'Good Nigga': An unintended legacy of the Black Power movement », *Race and Class* 55 (3) : 22–37 (24 October 2013)

Gaurav Bhatia et al., « Genome-wide Scan of 29,141 African Americans Finds No Evidence of Directional Selection since Admixture », *American Journal of Human Genetics* 95 (4) : 437–44 (October 2014)

Nicholas G. Crawford et al., "Loci associated with skin pigmentation identified in African populations", *Science* 358 (6365): eaan8433 (17 November 2017)

Lucy van Dorp et al., « Genetic legacy of state centralization in the Kuba Kingdom of the Democratic Republic of the Congo », *Proceedings of the National Academy of Sciences* 116 (2) : 593–8 (8 January 2019)

Michael D. Edge and Graham Coop, "Reconstructing the history of polygenic scores using coalescent trees", *Genetics* 211 (1): 235–62 (January 2019)

Shaohua Fan et al., « Going global by adapting local: A review of recent human adaptation », *Science* 354 (6308) : 54–9 (7 October 2016)

Matthew W. Hughey & Devon R. Goss, "A Level Playing Field? Media Constructions of Athletics, Genetics, and Race", *The ANNALS of the American Academy of Political and Social Science*, 661 (1), 182–211 (10 August 2015)

Richard Lapchick with Angelica Guiao, "The 2015 Racial and Gender Report Card: National Basketball Association", report by The Institute for Diversity and Ethics in Sport (TIDES): 1–44 (1 July 2015)

Alicia R. Martin et al., "Human demographic history impacts genetic risk prediction across diverse populations", *American Journal of Human Genetics* 100 (4): 635–49 (6 April 2017)

Alicia R. Martin et al., "An unexpectedly complex architecture for skin pigmentation in Africans", *Cell* 171 (6): 1340–53 (30 November 2017)

Aaron Panofsky and Joan Donovan, "Genetic ancestry testing among white nationalists: From identity repair to citizen science", 653–81 (2 July 2019)

Etienne Patin et al., « Dispersals and genetic adaptation of Bantu-speaking populations in Africa and North America », *Science* 356 (6337) : 543–6 (May 2017)

Craig Pickering and John Kiely, "ACTN3: More than just a gene for speed", *Frontiers in Physiology* 8: 1080 (18 December 2017)

Tinca J. C. Polderman et al., "Meta-analysis of the heritability of human traits based on fifty years of twin studies", *Nature Genetics* 47(7): 702–9 (May 2015)

Rebecca Redfern et al., "A novel investigation into migrant and local health-statuses in the past: A case study from Roman Britain", *Bioarchaeology International* 2(1): 20–43 (2 July 2018)

Noah A. Rosenberg et al., "Interpreting polygenic scores, polygenic adaptation, and human phenotypic differences", *Evolution, Medicine, and Public Health* 2019 (1): 26–34 (2019)